AF249688

ADMINISTRATION GÉNÉRALE
DES HOPITAUX, HOSPICES ET SECOURS DE LA VILLE DE PARIS.

BOULANGERIE GÉNÉRALE.

COLLECTION

DES DIFFÉRENS ARRÊTÉS

DU

CONSEIL GÉNÉRAL,

Et des Ordres de l'Administration, relatifs au service de la Boulangerie, donnés jusqu'à ce jour et recueillis en forme de Règlement.

A PARIS,

DE L'IMPRIMERIE DE MADAME HUZARD
(NÉE VALLAT LA CHAPELLE),
Imprimeur des Hospices, rue de l'Éperon, N°. 7.

1820.

RAPPORT

FAIT

AU CONSEIL GÉNÉRAL DES HOSPICES,

DANS SA SÉANCE DU 4 JUIN 1817,

Sur le service de la Boulangerie générale.

PLUSIEURS fois l'attention du Conseil a été appelée sur la situation de la Boulangerie générale des Hôpitaux; on lui a représenté que cette grande et importante branche de l'Administration des Hospices laissait beaucoup à désirer, tant pour la fourniture même du pain, que pour les ressorts de l'Administration proprement dite. Frappé de ces observations plusieurs fois répétées, le Conseil a chargé une Commission de lui faire à ce sujet un rapport détaillé; elle vient remplir ce devoir.

L'importance de l'objet, la nécessité d'instruire le Conseil de ce que nos recherches et notre propre expérience nous ont appris à nous-mêmes, afin qu'il puisse prendre une délibération en toute connaissance de cause, nous excusera de la longueur des détails dans lesquels nous avons cru devoir entrer, et sans lesquels le Conseil ne pourrait juger qu'imparfaitement les motifs des changemens que nous lui proposons.

La fourniture du pain des Hôpitaux et Hospices de Paris est à présent sous le régime de l'Entreprise.

Le Conseil général a fait en 1811, avec M. Saint-Martin, un marché dont l'exécution a commencé le 1er. janvier 1812, et dont voici les principales dispositions.

L'Entrepreneur s'oblige de rendre à l'Administration, par sac de farine blanche qui lui est livré, du poids de 320 livres (poids anciens), 420 livres de pain même poids, ou 205 kilogrammes 6 hectogrammes 9 décagrammes nouvelle mesure, et par sac de farine bise 209 kilog. 5 hectogrammes représentant 428 livres ancien poids.

Il reçoit pour la conversion de chaque sac de farine, en pain , 5 fr. 50 centimes , pour lequel prix il est chargé de tous les frais de manutention.

Il reçoit de plus 20 centimes 4 millièmes par 50 kilogrammes pour le transport du pain dans les diverses maisons.

S'il existe dans la confection du pain un déficit de farine, l'Entrepreneur en doit compte à l'Administration et la dédommage de ce déficit ; dans le cas contraire, le restant en magasin est au profit de l'Administration.

L'Entrepreneur ne peut faire sortir de la maison ni farine ni pain.

Le marché est fait pour trois, six ou neuf ans, avec la clause ordinaire d'avis donné de part et d'autre, quatre mois avant la révolution de chaque troisième année, pour la continuation ou la cessation du traité.

Telles sont les conditions écrites du marché.

(5)

Le Conseil sait combien de fois les plaintes ont été renouvelées sur la qualité du pain fourni aux Hôpitaux et Hospices, sur la négligence dans sa fabrication, et cela dans des temps où la qualité des farines ne pouvait pas, comme cette année, être donnée pour excuse de cette mauvaise confection.

Les plaintes des maisons sont rarement faites à la première fourniture de pain mal fabriqué ; les unes ont plus de patience que les autres ; d'où il résulte que quand on avertit l'Entrepreneur des reproches faits à sa fourniture, trois semaines au moins de fourniture médiocre sont déjà écoulées, pendant lequel temps le pain des malades et des pauvres n'a pas été fourni tel qu'il peut et doit l'être. La négligence réparée se renouvelle quelques semaines après, et elle éprouve les mêmes délais pour être rectifiée.

Ces inconvéniens tiennent essentiellement au mode d'Entreprise. La quantité de pain à fournir par sac de farine, quoique inférieure dans le marché à ce que celui-ci peut réellement rendre, ne l'est pas cependant dans une bien grande proportion, mais cette quantité est calculée dans le traité pour un pain bien pétri et bien cuit. Si dans la fabrication on emploie un excédant d'eau, si la cuisson n'est pas portée assez loin, le même volume de pain présente un poids plus considérable, sans donner autant de substance, et alors la quantité de pain réellement produite par le sac de farine, excède celle indiquée par le marché. On se plaint généralement de ce que le pain est dans la croûte gris et sale ; ce défaut tient à l'économie dans le *fleurage* (grosse farine dont on saupoudre les corbeilles et les pelles avant l'enfournement), et cette économie tourne encore à l'avantage du fournisseur et au détriment de la bonne couleur du pain. Ce défaut tient aussi à une quantité de corbeilles moindre qu'il ne serait nécessaire.

On pourra dire que le marché portant qu'aucune farine ne peut sortir de la maison sans le visa de l'Agent de surveillance, l'économie faite en farine dans la fabrication du pain, ne peut tourner à l'avantage de l'Entrepreneur : cela est vrai dans le marché ; il est vrai aussi

(6)

qu'on ne peut fournir aucune preuve matérielle d'enlèvement illicite
de farine, rien de positif à cet égard, sinon la conviction, qu'avec la
surveillance aussi faible qu'elle l'est à présent, on pourrait même dire
avec le plus de surveillance possible exercée par des hommes beaucoup
plus actifs que ne peuvent l'être les surveillans actuels, des enlèvemens
partiels et répétés peuvent avoir lieu,

Il n'appartient pas à la Commission d'accuser sans preuve; mais elle
a dû rechercher et examiner, et elle doit vous révéler la possibilité
des abus qu'elle a raison de supposer, puisque des essais répétés l'ont
convaincue, que la quotité de pain exigée selon le marché par sac de
farine, était inférieure à celle que devait rendre un sac bien travaillé,
et puisque la quantité restant en farine à la fin de l'année et pour
l'emploi de 15,000 sacs, n'excède jamais quelques dizaines de kilogrammes.

D'après tous ces motifs, la Commission pense qu'il serait avantageux de revenir, pour la fourniture du pain, à l'Administration
paternelle. Elle n'a aucun doute que ce régime n'ait d'abord le plus
grand avantage; celui auquel le Conseil mettra plus de prix, d'assurer
une fourniture constamment bonne de pain dans les Hôpitaux et
Hospices, et de plus une économie de quelque importance en deniers.
Mais, eût-elle la crainte que ces espérances sous ce dernier point seulement né fussent déçues, la Commission ferait encore au Conseil la
même proposition, parce que, alors, la mesure d'Administration paternelle ne serait qu'un essai, qui, mettant à découvert tous les secrets
cachés de la Boulangerie, donnerait au Conseil le moyen certain de
faire un marché plus avantageux et avec connaissance de cause, s'il
était question de revenir un peu plus tard au régime de l'Entreprise.

Les essais faits à la petite Boulangerie des Incurables-femmes, ont
déjà donné des lumières à l'Administration, à la vérité sur une petite
échelle; ceux faits depuis peu à Scipion et aux Incurables-femmes,
comparativement sur les farines de même qualité et de même poids,
ont encore ajouté à ces lumières. La mesure d'Administration paternelle, telle que la Commission la propose au Conseil, est bornée à un

an ou deux, si elle ne donne pas tous les avantages en économie
qu'on a droit de s'en promettre, elle ne peut pas coûter à l'Administration plus que les profits de l'Entrepreneur actuel, lesquels, en prenant les élémens qu'il donne lui-même, c'est-à-dire, en comptant
ses dépenses, comme il les porte, et en bornant ses profits à la différence de ces dépenses avec le prix qu'il reçoit pour frais de manutention, ne peuvent être moindres de 10,000 francs, année moyenne, et
dans le cas où la dépense de l'Administration ne serait pas inférieure à ce qu'elle est à présent, au moins le Conseil serait-il assuré
que, pendant les années d'essais, le pain des malades et des pauvres
serait aussi bon que le permettrait la qualité des farines fournies.

Il faut distinguer en deux articles principaux le marché fait et suivi
avec l'Entrepreneur actuel : 1°. la fabrication du pain ; 2°. son transport aux différentes maisons.

Pour le premier objet, il reçoit 5 francs 5o centimes par sac de
farine pour le convertir en pain; il a donc à pourvoir sur cette somme
à l'approvisionnement de bois, au salaire de tous ceux qu'il emploie,
aux petites fournitures de pelles, fourgons, corbeilles. Pour le second,
il doit fournir et entretenir chevaux, voitures et charretiers.

On ne s'occupe d'abord que du premier de ces objets; il n'exigerait
qu'une légère dépense pour mettre l'Administration à portée de com-
mencer ses opérations, le remboursement des ustensiles et celui du
bois que l'Entrepreneur actuel laisserait en quittant la fourniture; le
remboursement des ustensiles ne serait qu'une bagatelle ; celui du
bois pourrait être considérable; mais il s'opérerait par mois sur le
fonds de 5 francs 5o centimes que la Commission propose d'allouer
toujours au budjet de la fabrication du pain, payable par mois. Le
compte définitif devant être rendu à la fin de chaque année, et les
profits, s'il y en a, devant rester à la caisse générale. Les économies
en administration intérieure qu'a faites l'Entrepreneur actuel, seront
suivies par l'Administration paternelle. Ainsi il ne sera plus comme
autrefois fourni de linge aux boulangers, etc. Ils auront les mêmes

gages, seront soumis aux mêmes règles; il n'y a sur cela qu'à imiter, il n'y a point de réclamation à craindre ou à écouter.

Dira-t-on que toutes les économies dans la manutention et dans l'administration, qui ont lieu pour l'intérêt d'un entrepreneur, ne pourront s'obtenir par une régie paternelle? On ne peut pas nier cette vérité comme générale, et dût-elle s'appliquer à l'Administration proposée, elle n'aurait pas pour conséquence une différence plus grande que celle des profits faits par l'Entrepreneur. Mais on ne voit aucune raison de ne pas obtenir les mêmes économies dans l'Administration si le choix du Directeur de la Boulangerie est ce qu'il doit être, et si de plus on ajoute à ses salaires ordinaires un intérêt dans les économies tel, par exemple, que celui d'un denier quelconque en raison de l'économie faite dans l'année, sur ses frais de manutention à raison de 5 francs 50 centimes par sac; il ne s'agira donc plus que de trouver un homme intelligent, bien versé dans la boulangerie, ce qui sera facile, et de le faire bien surveiller.

Mais la Commission répète au Conseil ce qui déjà lui a été dit plusieurs fois; la surveillance de Scipion doit être changée, l'Agent est un homme respectable pour sa probité et ses longs services, par son attachement aux intérêts des hospices; mais il a quatre-vingts ans, et il faut dans cette maison une surveillance active et de tous les momens: quelle que soit l'espèce d'administration que l'on adopte pour la fourniture du pain, le Contrôleur est hors d'état de rien surveiller; il ne peut rester dans cette place ni dans aucune d'administration, quoique très-honnête homme; il pourrait être placé dans quelque Bureau.

Les bâtimens de Scipion sont dans un très-mauvais état de réparations, ils ont été depuis long-temps très-négligés; ils sont d'ailleurs très-vieux; les greniers exigent aussi des séparations pour la plus grande commodité du service.

Le second objet dont l'Entrepreneur actuel est chargé, est le transport du pain dans les différentes maisons; l'Entrepreneur actuel a neuf chevaux, cinq charretiers, et cinq voitures consacrées à ce service.

Les charretiers et les chevaux logés dans les écuries de Scipion, sont entretenus aux frais de l'Entrepreneur, et ne font aucun autre service; celui-là est surveillé dans tous les points par le commis principal de l'Entrepreneur.

Ce service, très-important sans doute, et qui doit être fait ponctuellement, peut être tenu indépendant de celui de la fabrication du pain; il peut être fait par Administration paternelle, et comme il se fait à présent; alors les chevaux qui ont fait leur travail chaque jour avant midi, pourront être employés dans l'après-midi au service de la cave aux vins; mais alors il faudrait acheter les équipages de l'Entrepreneur actuel.

Ce service pourrait être fait aussi par entreprise, et il est plus que vraisemblable que l'on trouverait sans difficuté des entrepreneurs de roulage qui s'en chargeraient au prix actuel, prix assez bas cependant, et qui laisse peu de gain à l'Entrepreneur d'aujourd'hui, au moins dans les années où le fourrage est à un prix élevé.

Mais la Commission pense que cette branche d'administration, dont il est très-important d'assurer la ponctualité, ne doit pas arrêter le Conseil dans la délibération qu'il a à prendre sur la question principale, qui est celle de la fourniture du pain par Entreprise, ou par Administration paternelle.

M. Saint-Martin, Entrepreneur actuel, dit qu'il ne tient pas à son entreprise, et met toujours, et quelquefois même un peu rudement, le marché à la main, quand on lui fait des reproches, ou même des observations, sur sa fourniture; cependant on croit qu'il désirerait continuer le marché, et qu'il promettrait même une fabrication de pain plus soignée.

Le Conseil connaît la valeur de ces promesses, elles se réalisent pendant quelques semaines, après lesquelles les choses prennent d'autant plus certainement leur cours accoutumé, que l'exécution de la promesse coûte des sacrifices à l'Entrepreneur. Le Conseil sait aussi combien est tardif le droit fait aux réclamations pour mauvaise fabrication de pain.

2

L'Administration paternelle a le grand avantage d'assurer constamment une fabrication de pain convenable, non pas seulement à toutes les maisons, mais même à chaque maison si cela est nécessaire, toujours bien pétri et bien cuit.

Le marché actuel, fait pour trois, six ou neuf ans, finit pour les trois secondes années au 1^r. janvier prochain; la résiliation doit en être annoncée au moins quatre mois d'avance. Il est préférable de ne pas attendre ce temps pour que l'Administration paternelle puisse se préparer tranquillement et sûrement, si le Conseil l'adopte.

Pour Copie conforme,

Le Secrétaire général des Hospices civils,

Signé **MAISON.**

ARRÊTÉ

DU CONSEIL GÉNÉRAL DES HOSPICES,

Séance du 4 juin 1817.

Lᴇ Conseil général,

Oui le Rapport du Membre de la Commission, chargé de lui présenter le détail des avantages et des inconvéniens dont la fabrication
du pain des Hospices est susceptible, soit qu'on la continue par l'in-
termédiaire d'un entrepreneur, soit qu'on la fasse directement par
mesure d'Administration paternelle,

Considérant qu'à l'époque où le Conseil s'est décidé à mettre en
entreprise la fabrication du pain des Hospices, il existait dans la
maison de Scipion une quantité d'abus qui ne pouvaient être utile-
ment combattus que par l'intérêt particulier d'un Entrepreneur,

Qu'à cette époque le Conseil ayant à surveiller la réorganisation de
tous les établissemens confiés à sa sollicitude, il ne lui était pas possible de donner en même temps assez d'attention aux nombreux
détails dont se compose la Boulangerie de Scipion ;

Que cependant, dans ces circonstances, il était indispensable d'établir un nouvel ordre de choses dans cette maison, et d'en régler les

2 *

dépenses de manière à réduire le prix de fabrication que de vieilles habitudes avaient élevé beaucoup trop haut;

Que la détermination prise à cette époque par le Conseil, de donner à l'entreprise le service de la Boulangerie générale, eut effectivement le triple avantage de réduire le prix de fabrication, de diminuer la consommation des farines en obtenant une quantité plus considérable de pain par sac de farine, et enfin d'instruire l'Administration des détails économiques de cette portion importante de son service;

Mais qu'aujourd'hui l'expérience acquise dans cette partie par une longue suite d'observations, a démontré que le Conseil général peut améliorer encore ce service, en administrant par lui-même la Boulangerie;

Que ce changement, indépendamment des économies qui résulteraient de la suppression des remises allouées à l'Entrepreneur, permettrait de donner à la fabrication du pain, des soins que l'intérêt particulier regarde comme trop minutieux, et dont la négligence a été la source de toutes les plaintes portées de temps à autre contre ce service;

Le Conseil général, déterminé par ces différens motifs à adopter le changement proposé,

Considérant que l'un des termes du marché alternatif de trois, six et neuf années, fait avec M. de Saint-Martin, arrivant le 1er janvier 1818, il convient de profiter de cette circonstance, et de ne pas différer indéfiniment un essai dont les résultats utiles ne lui paraissent pas douteux,

ARRÊTE:

ART. 1er. La fabrication du pain des Hôpitaux et des Hospices cessera d'être faite par entreprise le premier janvier mil huit cent dix-huit; à partir de ce jour, elle sera remise en Administration paternelle.

La Boulangerie générale sera en conséquence régie au compte de l'Administration par des Agens et Employés à appointemens fixes.

ART. 2. Il sera alloué à cet Établissement, pour frais de fabrication, une somme égale à celle qui est payée aujourd'hui à M. de Saint-Martin, c'est-à-dire, cinq francs cinquante centimes par sac de farine, pour la fabrication, et vingt centimes quatre millimes pour le transport, sauf à reverser dans la caisse des Hospices, tous les trois mois, les fonds économisés sur cette dépense, s'il n'en a pas été fait emploi en achat d'ustensiles.

ART. 3. Il sera fait à l'Agent comptable un fonds d'avance de six mille francs pour le paiement des ouvriers et des menues dépenses; il rendra compte des sommes qui lui seront confiées par des états d'émargement pour les frais de journées, et par des factures quittancées pour les autres dépenses; toutes ces pièces ne seront valables qu'autant qu'elles seront visées par l'Administrateur chargé de la direction de la Boulangerie de Scipion.

ART. 4. L'inventaire de reprise du mobilier de la Boulangerie générale sera fait conformément à ce qui est dit dans le marché passé avec M. de Saint-Martin; l'estimation des articles fournis par lui sera établie par le Commissaire priseur de l'Administration, et par celui que cet Entrepreneur désignera à cet effet; les objets non prévus seront soumis à la décision du Conseil. Les fournitures qu'il conviendra à l'Administration d'acheter de M. de Saint-Martin, et qu'il plaira à celui-ci de lui céder, feront partie des objets à estimer.

ART. 5. Le Conseil général déférant aux diverses demandes que M. Regnard, agent de surveillance de la Boulangerie, lui a adressées, à l'effet d'être admis à la retraite à raison de son grand âge,

Autorise l'Ordonnateur général à liquider immédiatement, et à compter du premier janvier mil huit cent dix-huit, la pension de retraite de M. Regnard, agent de surveillance, et celle du commis contrôleur, cette dernière place devant être supprimée par suite des nouvelles dispositions présentement arrêtées pour le service de cet établissement.

Art. 6. M. Salonne, chargé de la direction de la Boulangerie, sera conservé dans sa place; ses appointemens seront de deux mille quatre cents francs.

Il recevra en outre le pain nécessaire à sa consommation personnelle, et continuera d'être logé dans l'établissement.

La surveillance de la Boulangerie de Scipion est confiée aux soins de M. Desportes; elle fera désormais partie de la première division (les Hospices).

Fait à Paris, le 4 juin 1817.

Signé PASTORET, *vice-président.*

Par lettre du 5 novembre 1817, M. le Préfet informe le Conseil que S. Ex. le Ministre de l'Intérieur a autorisé provisoirement l'essai du nouveau mode proposé par l'arrêté du 4 juin, n°. 21,557, pour l'administration de la Boulangerie générale.

Le Secrétaire général,

Signé MAISON.

PRÉFECTURE DU DÉPARTEMENT DE LA SEINE.

Paris, le 5 novembre 1817.

MESSIEURS,

J'ai adressé, le 16 août dernier, à S. Ex. le Ministre de l'Intérieur, la délibération du Conseil, en date du 4 juin précédent, portant proposition de décider que la fabrication du pain des hospices et des hôpitaux cessera d'être une entreprise, à dater du 1er, janvier 1818, et qu'à compter de cette époque elle sera remise en Administration paternelle.

Les considérations que le Conseil a fait valoir dans la délibération, ont paru au Ministre de nature à motiver l'essai du nouveau mode d'administration que l'on propose pour la Boulangerie générale; mais en même temps S. Ex. a pensé que l'expérience pouvait seule démontrer les avantages ou les inconvéniens de ce nouveau mode. D'après ce motif, S. Ex. n'a autorisé que l'exécution provisoire des dispositions contenues dans la délibération du 4 juin, et son intention formelle est que, dans les trois premiers mois de l'année 1819, l'Administration des Hospices lui présente un compte détaillé, comparatif des résultats obtenus pendant l'année 1818 du nouveau mode d'administration de la Boulangerie, avec ceux qu'aura présentés cet établissement en 1817 sous le régime de l'entreprise ; si cette comparaison est à l'avantage de l'Administration paternelle, le Conseil, en proposant à S. Ex. la confirmation de la nouvelle mesure, devra lui soumettre en même temps un règlement général pour le service de la Boulangerie.

Je m'empresse de donner connaissance au Conseil de ces différentes dispositions, et je l'invite à vouloir bien s'y conformer.

Le Conseiller d'État Préfet,

Signé CHABROL.

RÈGLEMENT

DE LA

BOULANGERIE GÉNÉRALE.

CHAPITRE PREMIER.

Dispositions générales.

ARTICLE 1er. LA Boulangerie générale des Hôpitaux et Hospices civils de Paris, établie dans leur maison dite de Scipion, sera soumise à la surveillance spéciale de deux Administrateurs : le premier, membre du Conseil général; l'autre, pris dans la Commission administrative.

ART. 2. Il ne sera rien entrepris dans cet établissement qu'en vertu des arrêtés du Conseil général, et par les ordres des Administrateurs chargés de le diriger.

ART. 3. Tout service étranger à l'Administration des Hospices ne sera point admis dans la Boulangerie de Scipion, et ne pourra avoir lieu, même d'après les ordres de l'autorité supérieure, qu'avec l'agrément du Conseil. Dans ce cas, les précautions les plus grandes seront prises pour éviter le mélange des farines et la confusion des services.

ART. 4. Dans nulle circonstance et sous aucun prétexte, on ne pourra sortir de la maison de Scipion la moindre partie des fournitures de tous genres qui lui seront faites, ni des effets qui composent son mobilier, que sur une autorisation écrite du membre de la Commission; ne sont exceptés de cette disposition que les envois ordinaires et journaliers en farine et pain, la remise des sacs, les ustensiles à réparer et la braise vendue; cette dernière ne pourra sortir que sur un bon de l'agent de surveillance, ou, en son absence, du maître boulanger, constatant la vente.

ART. 5. Les Arrêtés du Conseil et les ordres que le membre du Conseil jugera devoir donner dans le service de la Boulangerie, seront notifiés par le membre de la Commission administrative; ils seront transcrits sur un livre *ad hoc*, qui contiendra aussi les décisions du membre de la Commission administrative.

ART. 6. Les demandes pour fournitures de farine seront faites par le membre de la Commission : elles le seront en farines de première et de deuxième qualité de pur froment, et aux conditions stipulées dans les marchés passés avec les fournisseurs.

ART. 7. Chaque sac de farine sera livré pour le poids brut, de 159 kilogrammes, ainsi qu'il est d'usage dans le commerce; les farines ne seront pas reçues humides; la pesée devra être à bon poids; les toiles ne devront peser au plus qu'un kilogr. et demi, qui est le maximum autorisé; l'excédant de ce poids devra être rendu en farine par le fournisseur.

ART. 8. La reddition de pain par sac de farine de première qualité, du poids de 159 kilogr. brut, est estimée à 205 kilogram. 50 décag. (420 livres) de pain blanc; et celle d'un sac de farine de deuxième qualité, du poids aussi de 159 kilogrammes brut, à 209 kilogrammes 50 décagrammes (428 livres) de pain bis. Ces fixations sont le point de départ d'où l'on compte les bonis; elles sont au-dessous de la reddition véritable, et ont pour base les conditions du marché qu'avait fait le Conseil général avec le sieur Saint-Martin, dernier entrepreneur chargé de la fabrication du pain des Hôpitaux. Les bonis qui résulteront de la manutention de chaque sac seront constatés et notés tous les soirs.

Art. 9. Le pain de soupe sera composé de farine de première qualité; il sera de forme très-plate et beaucoup plus cuit que le pain
ordinaire, de manière qu'il ne contienne que peu de mie; mais il n'en
sera pas moins livré au poids qu'il aurait conservé sans l'excès de sa
cuisson, et quoique réduit d'un quart au lieu d'un septième environ,
qui est d'usage sur les autres espèces de pain. —

Art. 10. Il ne sera employé qu'un kilogr. de farine pour tourner
la pâte provenant d'un sac, et 8 hectogrammes de fleurage environ
pour saupoudrer les pains au moment de les mettre au four : une
consommation plus grande attesterait une négligence répréhensible.

Art. 11. Il sera employé de la levure dans la manipulation du pain
long; la consommation qui en sera faite ne pourra excéder par jour
5 kilogrammes; elle ne pourra être payée au-dessus de 90 centimes
le kilogramme.

Art. 12. Lorsque la qualité des farines exigera que l'on mêle du sel à
la pâte, il en sera mis 6 hectogrammes par sac de farine; il sera compté
pour son poids comme le seraient 6 hectogrammes de farine ajoutés
à chaque sac, ce qui augmentera d'autant celui du pain à rendre.

Art. 13. Toutes les fois que la Boulangerie sera approvisionnée de
farines par plusieurs fournisseurs, les versemens de chacun d'eux
seront employés séparément, en passant alternativement de l'un à
l'autre, dans la proportion des quantités dont leurs livraisons devront
se composer pour le service d'un mois; de façon que pendant le mois
chaque quantité de farine ait été proportionnellement consommée
sous le rapport de son ancienneté dans les magasins de cet établissement.

Art. 14. Les farines des différentes qualités prescrites et qui seront
nécessaires à la consommation d'un jour, seront prises dans les tas
formés six jours à l'avance, sur le plancher de la chambre des distributions, afin de les rafraîchir et de les rendre plus profiables au
pétrin, en observant bien les divisions qu'exigent leurs différentes
qualités, et sans aucun mélange des livraisons d'un fournisseur avec
celles d'un autre.

Art. 15. Il sera tenu un compte exact et régulier du nombre de sacs de farine répandus dans les pétrins pendant le jour, et tous les soirs, l'Agent s'assurera par le poids des levains conservés et par celui du pain entré dans les paneteries, du produit exact des farines.

Art. 16. L'expérience a démontré que les produits des farines, dans les années où les récoltes sont faites par un temps favorable, sont de 434 livres de pain environ par sac de farine de première qualité, et de 445 livres environ par sac de deuxième.

On s'assurera des résultats possibles à obtenir, en comparant le produit en pain des farines reçues des fournisseurs, chaque mois, avec celui des farines de même qualité qui seront achetées à la halle pour faire les essais et servir d'échantillons des nuances et des qualités à exiger.

Art. 17. Lorsque les farines destinées au service du mois suivant auront été livrées par les fournisseurs, l'Agent de surveillance en préviendra l'Administrateur qui se transportera dans les greniers de Scipion, avec lui et le maître boulanger, pour examiner si elles sont de bonne qualité et conformes aux échantillons qui auront été adoptés; et si, après les avoir examinées, ils ne leur trouvaient pas les qualités spécifiées par le cahier des charges, il sera sur-le-champ écrit aux fournisseurs de les relever pour en verser d'autres en échange, et pareilles en tout aux échantillons.

Art. 18. Les farines ne seront admises qu'après qu'il en aura été fait des essais en grand dans la proportion des besoins d'un jour; un échantillon de ces essais sera adressé au membre du Conseil et à celui de la Commission chargés de la surveillance de la Boulangerie; chacun de ces échantillons portera une étiquette indiquant leur qualité de farine première ou de seconde nuance, et le nom du fournisseur qui les aura versées.

Art. 19. En cas de contestation entre les fournisseurs et l'Administration, il en sera rendu compte au Conseil général qui ordonnera la nomination d'experts, à l'effet de donner leur avis sur la véritable qualité des farines refusées; il sera délivré dans le jour, à l'Administrateur, une expédition du procès-verbal des experts, dressé sur les lieux, et en présence des parties; ce ne sera qu'après avoir reçu les ordres du Conseil sur la décision des experts, que l'Agent admettra ou refusera définitivement les farines qui auraient fait l'objet de la discussion.

ART. 20. Il ne sera présenté à l'expertise que les qualités de farines demandées par l'Administrateur; toutes celles qui lui auraiént été adressées sans ordre de livraison seront laissées de côté.

ART. 21. Tous les six jours, l'état des bonis obtenus sur chaque sac de farine de première qualité, dont le minimum est fixé à 420 livres, et pour celle de deuxième à 428 livres, sera envoyé au membre du Conseil et à celui de la Commission. Indépendamment de ces états particuliers, il sera dressé un état général à la fin du mois, dont la copie leur sera aussi envoyée. Ce dernier état fera mention des bonis du même mois de l'année précédente, afin de pouvoir les comparer les uns aux autres, et rechercher les causes de la différence, s'il y en existait au désavantage du mois de l'année suivante.

CHAPITRE II.

Du Personnel.

ART. 22. Trois employés principaux seront chargés du service intérieur et de la comptabilité de la Boulangerie générale; un agent de surveillance, un maître boulanger et un commis expéditionnaire.

L'agent de surveillance sera le chef de l'Établissement, le maître boulanger lui sera subordonné, et le commis expéditionnaire sera placé sous ses ordres pour l'aider dans les écritures dont il est chargé.

ART. 23. Le nombre des ouvriers boulangers, gens de service et hommes de peine, ainsi que leurs gages, seront déterminés chaque année par le Conseil général. S'il y a lieu, pendant l'exercice, à des diminutions ou à des augmentations, elles seront faites sur des ordres particuliers des membres de l'Administration, qui en rendront compte au Conseil.

ART. 24. L'agent de surveillance, le maître boulanger et le commis expéditionnaire seront tenus de résider dans la maison de Scipion; il leur est expressément défendu d'avoir de ménage, ni de chambre en ville.

ART. 25. Ces trois employés ne pourront s'absenter, pour une journée entière, sans une permission du Conseil; les ouvriers et gens de service domiciliés ne pourront non plus s'absenter que du consentement de l'Administration.

ART. 26. En cas d'absence ou d'indisposition de l'agent de surveillance, le maître boulanger prendra la surveillance générale de l'Établissement, et veillera à l'exécution de toutes les mesures de police et de comptabilité; de même, l'agent sera chargé des fonctions du maître boulanger, quand celui-ci sera absent ou malade, à moins que dans l'un et dans l'autre cas, le membre du Conseil ne pense devoir nommer un suppléant temporaire.

CHAPITRE III.

Des Attributions et des Obligations de l'Agent de Surveillance.

ART. 27. L'agent entrant en exercice, devra faire, aussitôt son arrivée, le récolement de tous les magasins, et se charger en recette de tous les effets et matières qui s'y trouveront; il sera responsable des déficit qui ne seront pas constatés par un procès-verbal dressé par le comptable sortant, et visé par le membre de la Commission.

Art. 28. L'agent de surveillance aura la haute police de l'Établissement, il surveillera l'exécution des arrêtés du Conseil et des décisions des membres de l'Administration, chargés de la direction.

Art. 29. Il rendra compte à ces derniers de tout ce qui pourra survenir d'extraordinaire, et leur proposera les changemens et les améliorations qu'il croira utiles au bien du service.

Art. 30. Il surveillera toutes les opérations du maître boulanger; il vérifiera, certifiera et visera tous les récépissés, certificats et pièces de dépenses que celui-ci sera appelé à rédiger.

Art. 31. Il constatera chaque jour les bonis résultans de la manutention, et il se conformera pour leur envoi à l'Administration à ce qui est prescrit par l'article 21.

Art. 32. Il installera les employés, les ouvriers et gens de service, après les avoir inscrits sur un registre destiné à constater les époques de leur entrée, de leur sortie ou de leur décès.

Art. 33. Il veillera à ce que chacun d'eux remplisse avec exactitude, zèle et fidélité les devoirs de son emploi.

Art. 34. Il informera les membres de l'Administration des négligences ou malversations dont ces différentes personnes pourront se rendre coupables, et, s'il juge leurs fautes de nature à leur ôter sa confiance, il les suspendra provisoirement de leurs fonctions; dans ce cas, il en rendra compte sans retard au membre de la Commission administrative, qui en référera au membre du Conseil.

Art. 35. L'agent de surveillance sera spécialement chargé de tout ce qui concerne l'entrée, la sortie et le décès des individus qui composent le personnel de la Boulangerie.

Art. 36. Il donnera au portier tous les ordres qu'il croira uiles à la conservation du mobilier, ou à la sûreté comme aux intérêts de l'Établissement; mais il ne pourra en prescrire qui soient de nature à contrarier le service ni la responsabilité du maître boulanger.

Art. 37. Il visera les *laissez passer*, délivrés par le maître boulanger, pour la sortie des choses qu'il faut emporter de Scipion, soit pour le

service des Hôpitaux et Hospices, soit pour être données en réparations,
soit pour être vendues, comme la braise; le maître boulanger visera
de même ceux que l'agent de surveillance sera dans le cas de délivrer
pour des causes semblables.

ART. 38. L'agent sera responsable, conjointement avec le maître boulanger, des parties d'approvisionnement et des effets appartenant à
Scipion, qui en seraient sortis sur un *laissez passer* délivré de confiance; il le sera également des effets perdus ou volés par un défaut
de surveillance ou des visa inconsidérés.

ART. 39. L'agent de surveillance sera seul chargé et responsable de
tout le mobilier de la boulangerie générale des Hospices, ainsi que
des fournitures de toutes espèces dont cette maison est ordinairement
approvisionnée; il sera seul comptable en deniers et en matières. Il
fera les achats et payemens pour lesquels il lui sera remis un fonds
d'avance, et il tiendra la main à l'exécution de toutes les clauses,
charges et conditions des traités passés avec les fournisseurs.

ART. 40. Il examinera avec soin l'espèce et la qualité des fournitures qui lui seront livrées; il rejettera, au compte de l'entrepreneur,
celles qui ne seront pas de bonne qualité, chacune dans son espèce,
et en instruira le membre de la commission.

ART. 41. Il recevra lui-même les farines qui seront demandées par
l'Administration pour le service de l'établissement; il sera assisté dans
cette réception par le maître boulanger.

ART. 42. Il conservera les clefs des magasins aux farines d'approvisionnement, ainsi que toutes celles des locaux dont le maître boulanger n'aura pas besoin pour le service journalier; il inspectera très-
fréquemment ceux dont le maître boulanger a le droit de conserver
les clefs.

ART. 43. Il fera faire sous ses yeux, dans un magasin à part, les
mélanges des farines, quand le conseil en ordonnera; il sera aidé dans
cette opération par le maître boulanger.

ART. 44. Il recevra les demandes de pain et de farine autorisées;

il fera lui-même les livraisons de farine; il donnera tous les jours au maître boulanger, pour le service du lendemain, la feuille par établissement des demandes en pain blanc et bis; cette feuille indiquera les différens poids qui sont déterminés pour chaque classe d'indigent.

Art. 45. L'agent de surveillance réglera les versemens de farines qui devront être faits au maître boulanger, pour les besoins d'un jour, établis d'après les demandes de pain blanc et bis qui lui seront adressées par chaque maison : ces versemens seront toujours tirés de la chambre des distributions, divisée en autant de compartimens qu'il y a d'espèces de farines employées.

Art. 46. L'agent de surveillance veillera à ce que les farines soient employées dans l'état où elles seront versées des cases dans les pétrins; il constatera chaque jour la quantité de sacs qui seront sortis de la chambre de distribution, et, lorsque la masse de farine versée dans chaque compartiment sera épuisée, il se rendra compte du boni qu'aura produit leur séjour sur le carreau.

Art. 47. Il vérifiera fréquemment le poids des pains de chaque espèce; il en enverra un de chaque qualité au Conseil général, chaque fois qu'il s'assemblera, et tous les huit jours au membre du Conseil chargé de la surveillance supérieure de la Boulangerie.

Art. 48. L'Agent de surveillance donnera récépissé de toutes les fournitures qui lui sont faites; il certifiera les factures et mémoires des entrepreneurs, et il les enverra au maître boulanger pour qu'il les examine, les vérifie et les certifie, afin qu'elles soient revêtues des deux signatures exigées par la comptabilité centrale de l'Administration.

Art. 49. Il enverra chaque jour au membre de la Commission, au bureau de l'Administration, la feuille de situation des recettes énoncées en sacs de farine, en ajoutant toujours les dernières recettes à celles qui ont été faites depuis le premier jour de l'année; cette feuille sera divisée, par chaque nature de farine, en trois colonnes : la première contiendra les recettes, la seconde les versemens et dépenses, la troisième les restans en magasins.

Art. 5o. Il fera à la fin de chaque mois l'inventaire général des farines qui seront dans les greniers ; il constatera le boni qui a été obtenu pendant le mois sur la manutention, et il enverra au membre du Conseil et à l'Administrateur copie certifiée par lui de cet inventaire.

Art. 51. L'Agent de surveillance sera chargé seul de la confection de l'inventaire annuel du mobilier de l'Établissement, comme aussi de tous les restans en magasins à la fin de l'exercice ; il devra s'y disposer dès le mois de novembre, et se tenir en mesure de l'envoyer au membre de la Commission, au plus tard, le quinze janvier de chaque année.

Art. 52. Il rapportera en marge de chaque objet dont il déchargera l'inventaire, la décision du Conseil qui aura autorisé cette décharge, et il indiquera l'emploi des choses sorties de l'inventaire.

Art. 53. Il rédigera dans les premiers mois de chaque année le compte moral de l'exercice précédent ; il se conformera pour ce travail au modèle qui lui sera fourni, et aux renseignemens qui lui seront donnés par le membre de la Commission.

Art. 54. L'Agent de surveillance ne pourra se pourvoir, pour les besoins de la Boulangerie, que chez les fournisseurs désignés par le Conseil général ; à cet effet le membre de la Commission lui fera passer dans le mois de décembre, pour l'année suivante, la liste des entrepreneurs, fournisseurs et marchands qui sont désignés ; mais il ne pourra rien leur demander, qu'il ne soit muni d'une autorisation particulière à chaque objet.

Art. 55. Conformément à l'article précédent, il remettra dans les derniers jours de chaque mois, au membre de la Commission, un état de ses besoins pour le mois suivant ; il le rédigera sur un livre à ce destiné, et qui a pour titre : *Registre des Besoins* ; il y joindra les ordres à donner aux fournisseurs, afin qu'ils soient, ainsi que le registre, signés par le membre de la Commission, s'il juge les demandes fondées,

CHAPITRE IV.

Des Attributions et Obligations du Maître boulanger.

Art. 56. Le maître boulanger sera présent à la réception des farines ; il donnera son avis sur leur identité avec les échantillons, ou sur leur véritable qualité ; lorsqu'il ne reconnaîtra pas leur identité, il signera les procès-verbaux de réception, dans lesquels il aura la faculté de faire insérer ses observations particulières.

Art. 57. Il dirigera seul le travail de la Boulangerie en ce qui concerne la manutention du pain ; les ouvriers Boulangers seront sous ses ordres, ainsi que les gens de service du chantier, du mouvement des farines et des écuries ; il pourra, lorsqu'ils lui auront donné des motifs suffisans de soupçon, leur interdire provisoirement l'entrée de la boulangerie, de la paneterie, et des magasins confiés à sa garde ; mais il en rendra compte sur-le-champ à l'Agent de surveillance, qui devra de même en instruire les Administrateurs.

Art. 58. Il sera comptable et responsable des farines qui lui seront livrées par l'Agent de surveillance, pour le service d'une semaine ou d'un temps plus ou moins long, suivant les besoins ; il en constatera la réception par sa signature sur un livre où ces quantités seront énoncées en toutes lettres.

Art. 59. Il sera de même responsable des quantités de pain tirées des fours et mises en dépôt dans les différentes salles de la paneterie jusqu'au moment de leur départ pour leur destination, ainsi que de l'exactitude de leur poids.

Art. 60. Il fera ses distributions journalières en pain des deux espèces, d'après la feuille des besoins des différens établissemens, qui lui aura été remise la veille par l'Agent de surveillance de la Boulangerie.

Art. 61. Chaque voiture sera fermée avec un cadenas à deux clefs, dont l'une restera entre les mains du maître boulanger, et l'autre

entre les mains de l'Econome de la maison à laquelle sera destiné
le pain que la voiture contiendra.

ART. 62. Il réglera l'arrivée et le départ des voitures pour le transport du pain ; il'assistera à leur chargement, afin de prévenir les
erreurs et les avaries, si on les y plaçait sans précaution.

ART. 63. Il se conformera, pour le poids du pain et pour la forme à
lui donner, aux décisions du Conseil, qui lui seront transmises par
l'Agent de surveillance.

ART. 64. Il sera responsable de là mauvaise fabrication du pain ; du
tort que les ouvriers pourront faire à l'Administration, en ne tirant
pas des farines tous les produits qu'elles pourraient donner, et par
leur défaut de soin pour la conservation des ustensiles mis à leur
disposition.

ART. 65. Il aura la clef des magasins des farines qui lui seront versées pour le service journalier, celles de la boulangerie, de la paneterie, du chantier au bois, des écuries, des greniers aux fourrages, et
du magasin à la braise. L'Agent de surveillance aura le droit de lui
en demander l'ouverture, toutes les fois qu'il jugera nécessaire d'en
faire l'inspection ou d'en dresser l'inventaire.

ART. 66. Il paiera les gages des ouvriers boulangers et des gens de
service qui seront sous ses ordres, au moyen d'un état d'émargement
fait double chaque mois ; cet état sera dressé par l'Agent de Surveillance, qui le lui remettra avec la somme d'argent nécessaire pour
l'acquitter. Les individus qui ne sauront pas signer, feront leur croix ;
et au bas de l'état, l'Agent de surveillance et le maître boulanger cer-
tifieront le nombre et les noms de ceux qui ne sauront pas signer.

ART. 67. Le maître boulanger s'adressera à l'Agent de surveillance
pour que celui-ci donne au portier les ordres jugés nécessaires dans
l'intérêt de l'Administration, afin de mieux assurer sa propre garantie.
En l'absence de l'Agent de surveillance, et s'il y a urgence, il donnera
ces ordres lui-même, auxquels le portier sera tenu de se conformer.

ART. 68. Aucun objet mobilier, appartenant à la Boulangerie, n'en pourra sortir que sur un laissez-passer délivré par le maître boulanger, et visé par l'Agent de surveillance, ou remis par ce dernier et visé par le maître boulanger. Ces permis sont enliassés et envoyés à l'Administrateur à la fin de chaque mois.

Art. 69. Le maître boulanger devra, en toutes choses, agir en bon économe, et se bien pénétrer de tous les intérêts confiés à son intelligence et à ses soins; il rendra compte aux membres de l'Administration des améliorations et des économies qu'il croira praticables, et en général de toutes les circonstances qui excéderont ses instructions. Il fera une grande attention aux dispositions contenues dans les chapitres qui précèdent et qui suivent, afin de s'y conformer pour ce qui le concerne.

CHAPITRE V.

De la Comptabilité en deniers.

PREMIÈRE SECTION.

Du Livre de Caisse.

Art. 70. L'agent tiendra un livre de comptabilité en deniers, sur lequel il portera en recette, d'abord, les fonds mis à sa disposition, et successivement, les remboursemens qui lui seront faits par la caisse générale.

Art. 71. Il y fera recette aussi des fonds destinés chaque mois à acquitter les appointemens des employés, des ouvriers boulangers et gens de service, et il balancera cet article par le montant de l'état d'appointemens, émargé par les parties prenantes.

Art. 72. Il y inscrira, jour par jour, sans rature ni interligne, et en toutes lettres, les dépenses de toute espèce en argent qu'il sera appelé

à faire ; il aura toujours soin d'indiquer les noms des personnes auxquelles il aura payé, la nature, la quantité, le prix et le montant des
choses achetées.

ART. 73. Les quittances devront porter les mêmes indications, en
ayant soin de ne pas comprendre dans la même plusieurs objets d'espèces différentes.

ART. 74. Toute dépense devra être faite sur billet d'ordre. Lorsque
l'Agent de surveillance sera appelé à en faire une, il adressera au
membre de la commission un de ces billets imprimés, dont il rem-
plira l'ordre par la désignation de l'espèce, de la quantité et du prix
de l'objet qu'il conviendra d'acheter : si le membre de la commission
juge que cette dépense est nécessaire, il renverra cette pièce à l'agent
avec son autorisation.

ART. 75. L'agent ne pourra allouer aux ouvriers d'autres prix que
ceux qui auront été fixés par les membres de l'Administration et con-
signés sur le registre des décisions.

ART. 76. Dans les huit premiers jours de chaque mois, il adressera
à l'administrateur le relevé des recettes et dépenses en deniers, faites
pendant le mois précédent ; il l'appuiera des quittances certifiées
par lui et par le maître boulanger.

ART. 77. Ce relevé présentera, à la fin, la balance des recettes et
dépenses, d'où sortira le restant en caisse, qui devra faire le premier
article des recettes du mois suivant. Il devra être arrêté et clos en
toutes lettres, et certifié par l'agent de surveillance.

ART. 78. Cette dernière formalité s'observera aussi sur l'état d'appointemens, en ajoutant l'indication du nombre des personnes qui,
n'ayant pu signer, auront fait une croix.

ART. 79. Le registre de caisse devra être clos, de la même manière
que ce relevé, à la fin de chaque mois.

ART. 80. Les dépenses pour réparations de bâtimens, faites par économie, seront classées séparément dans le relevé du livre de caisse.

DEUXIÈME SECTION.

Du Journal général.

Aɴt. 8ı. L'agent de surveillance tiendra un Journal séparé pour la fourniture des farines, et un second Journal pour toutes les autres espèces de fournitures.

Aɴt. 82. Sur le premier, il portera, jour par jour, toutes les farines versées dans les magasins de Scipion : ce Journal offrira séparément les diverses qualités de farine; elles seront ensuite portées numéri-quement dans trois colonnes intitulées : *Recettes, Dépenses, Restant en Magasin.* Sur le second Journal, il inscrira, au moment de leur réception, tous les combustibles, les objets d'habillement, de coucher, de buan-derie, de quincaillerie, de chaudronnerie, de poterie, dé boissellerie, et généralement tous les achats et payemens divers; les entretiens et réparations, afin qu'il soit toujours en état de connaître sa situation et de la comparer avec l'extrait du budget qui lui aura été remis : il y inscrira aussi les recettes qu'il fera par versement d'un autre établis-sement, et en général toutes les recettes et dépenses qu'il aura occasion de faire.

Aɴt. 83. Ce deuxième Journal devra nécessairement présenter deux colonnes destinées à sortir le montant des dépenses.

Dans la première, il portera le montant en demande des mémoires et factures qui seront susceptibles d'être réglés, payés au cours ou d'après les mercuriales. Cet enregistrement sera considéré comme pro-visoire, pour la somme tirée dans la première colonne.

Dans la seconde, il inscrira le montant des choses dont le prix sera connu au moment où la dépense aura été faite, et subséquemment la valeur définitive des mémoires et factures qui auront été réglés par un vérificateur, ainsi que les prix réels des objets payables aux cours ou aux mercuriales, lorsque ces derniers renseignemens lui auront été transmis par l'administration.

Aɴt. 84. A la fin de chaque mois, l'agent rapportera sur le même registre, par distinction de qualité de farine, la totalité de celles qui lui auront été livrées pendant le mois, et qu'il aura inscrites avec détail sur le Journal prescrit à l'art. 82, de sorte qu'en additionnant la dernière colonne du Journal récapitulatif on ait la masse totale dés dépenses de la Boulangerie.

TROISIÈME SECTION.

De la Subdivision des dépenses générales.

ART. 85. Comme le budget fixe les dépenses par chapitre pour la Boulangerie comme pour les autres maisons, et que c'est un devoir de ne pas dépasser celles qu'il a affectées à chacun, l'agent de surveillance tiendra un registre sur lequel il subdivisera les dépenses générales, de manière qu'il puisse connaître à tout moment la situation particulière dés dix-sept chapitres qui suivent.

CHAPITRE Ier. Constructions et réparations.
— II. Contributions.
— III. Appointemens et gages.
— IV. Frais de bureau.
— V. Farine première.
— VI. Farine de seconde.
— VII. Farine de troisième.
— VIII. Farine de quatrième.
— IX. Fleurage.
— X. Combustibles.
— XI. Habillement et coucher.
— XII. Buanderie.
— XIII. Meubles et ustensiles.
— XIV. Frais d'écurie.
— XV. Dépenses diverses.
— XVI. Sel.
— XVII. Levure de bière.

Ces dix-sept chapitres étant régulièrement tenus à jour, auront encore l'avantage de former, par la récapitulation générale, la preuve de l'exactitude du Journal général.

QUATRIÈME SECTION.

Des Recettes éventuelles.

Art. 86. Sont considérées comme recettes éventuelles, la vente de braise, l'indemnité payée par la réserve ou les fournisseurs pour le déchargement des sacs de farine et la conservation des toiles; la vente des chevaux et des vieux meubles hors de service, lorsqu'il convient mieux de ne pas envoyer ces derniers à la salle de vente de l'administration; la vente des marchandises avariées ou hors de service; les amendes perçues dans l'établissement pour dégât et infraction au règlement; en général, le produit de tous les objets dont la vente est autorisée par le Conseil, et dont l'exécution est confiée au comptable de la boulangerie.

Art. 87. L'agent de surveillance fera le versement de ces produits de mois en mois, à la Caisse générale, sur un état double, certifié par lui et le maître boulanger, et visé par le membre de la commission. Il en tirera un reçu du caissier.

Art. 88. Lorsqu'il n'y aura point eu de cette espèce de recette, l'agent de surveillance enverra des états négatifs revêtus des mêmes formalités que les bordereaux de versement.

CHAPITRE VI.

De la Comptabilité en Pain.

PREMIÈRE SECTION.

Art. 89. L'agent de surveillance sera chargé de tenir :

1°. Un Journal général des demandes de pain qui lui seront faites par les divers établissemens, par espèce de blanc et de bis. Ce Journal sera divisé en autant de colonnes qu'il y a d'espèces de pains de poids différens : il y portera séparément les quantités livrées suivant les demandes des économes, de manière que la ligne en regard du nom de chaque établissement présente le total de ses fournitures, et que l'addition de tous ces totaux fasse le total de la fourniture générale pendant le jour; la feuille des demandes de pain qu'il adressera tous les jours au maître boulanger, sera la copie fidèle de ce Journal, pour la forme comme pour les quantités et les variétés dans le poids des pains.

2°. Un registre de contrôle sur lequel il inscrira, jour par jour, la fourniture générale du pain par division de blanc et de bis, avec le total séparé de ces deux espèces, par hôpital et par hospice, de façon que l'addition de ces différentes quantités donne la masse des livraisons générales, pendant la semaine d'abord, et ensuite pendant le mois.

3°. Et un registre appelé *compte ouvert*, où la fourniture de chaque établissement sera portée séparément mois par mois, avec la désignation de pain blanc et bis : à la fin de l'année, l'addition des douze mois formera le total du poids du pain livré à chaque maison, et la récapitulation du total de chaque établissement, celui de la fourniture générale.

Art. 90. L'agent de surveillance sera en outre chargé de la rédaction de tous les états, et de l'envoi de tous les récépissés qui lui seront demandés par le membre de la commission, pour être remis à l'Ordonnateur général, afin de servir à ce dernier à établir le compte de chaque établissement.

DEUXIÈME SECTION.

Des Écritures du Maître Boulanger.

Art. 91. Le maître boulanger tiendra un seul registre journal, dont chaque page sera divisée dans le milieu par une ligne de bas en haut. La première partie sera subdivisée en deux colonnes portant en tête : farine 1re. et farine 2e.; et la seconde sera également subdivisée en deux colonnes intitulées : pain blanc et pain bis.

Sur la première partie, il inscrira, jour par jour, les farines qui lui auront été livrées par l'agent de surveillance; et, sur la deuxième, le pain qu'il aura fourni, de même, jour par jour, conformément à la feuille journalière des demandes de pain que lui aura fait passer l'agent de surveillance.

Art. 92. Il remettra tous les soirs, à l'agent de surveillance, les récépissés qui lui auront été délivrés par les comptables des hôpitaux et des hospices, pour les quantités de pain qu'il aura envoyées le matin dans ces établissemens. Le reçu qu'il en tirera de l'agent de surveillance opérera sa décharge.

CHAPITRE VII.

De la Conservation et de la Vente de la Braise.

Art. 93. A la sortie des étouffoirs, la braise sera versée dans un magasin dont le maître boulanger conservera la clef : il aura soin que cette braise soit faite dans l'économie du chauffage des fours, et qu'elle ne soit jamais endommagée, afin d'avoir le moins possible de poussier; il aura près de lui un garçon braisier, pour la réception et la distribution.

Art. 94. L'agent de surveillance sera chargé de la vente de la braise; elle se fera tous les jours ouvrables, et au plus haut prix possible; le taux le plus bas qu'elle puisse être vendue par lui, est de 3 fr. 5o c le sac, et 1 fr. 5o c, le poussier; si quelque circonstance forçait de la livrer au-dessous de ces fixations, l'agent de surveillance en demandera l'autorisation au membre de la commission.

Art. 95. Lorsque l'agent de surveillance aura vendu une quantité quelconque de braise ou de poussier, et qu'il en aura reçu le payement, il donnera à l'acheteur un bon de livraison sur lequel seront portés la quantité à livrer, le prix de la vente et le montant de la somme reçue. Le maître boulanger fera acquitter ce bon, qu'il gardera par-devers lui; cette pièce opérera sa décharge, en même temps qu'elle servira, au besoin, de contrôle des comptes de l'agent de surveillance à l'égard de cette espèce de recette.

5*

Art. 96. Conformément à l'usage établi, l'agent de surveillance est autorisé à faire délivrer, aux garçons boulangers, la petite quantité de braise dont ils pourront avoir besoin dans leurs ménages, à raison de 2 fr. le sac; les règles prescrites à l'égard des acheteurs étrangers à la boulangerie sont applicables à ces sortes de ventes dont le *maximum* est d'ailleurs fixé à un sac, par mois, pour chaque garçon boulanger couchant hors de la maison de Scipion; il n'en sera point vendu à ceux qui demeureront dans l'établissement.

Art. 97. Le compte des sacs de braise trouvés à la sortie des étouffoirs, celui de leur vente et des restans en magasins, à la fin de chaque mois, sera adressé, dans les premiers jours du mois suivant, au membre de la Commission par le maître boulanger, et il sera visé par l'agent de surveillance.

CHAPITRE VIII.
Du Service des Fours.

Art. 98. L'économie du combustible étant une des choses qui doivent le plus fixer l'attention du maître boulanger, il réglera le nombre des fours à tenir en exercice de manière qu'ils ne puissent se refroidir par un repos trop long. Ainsi, tant que la population des Hôpitaux et des Hospices ne s'élevera pas au-dessus de quinze mille personnes, il n'y aura que quatre fours mis en activité, et le nombre d'individus ci-après désignés, pour les servir :

8 Brigadiers boulangers,

16 Pétrisseurs,

1 Panetier,

8 Casseurs de bois ou gens de service,

1 Braisier,

34 personnes.

Art. 99. Une brigade, composée de deux brigadiers et de quatre pétrisseurs, devra faire douze fournées de pain en vingt-quatre heures.

Si l'un des six hommes est forcé de s'absenter ou tombe malade, il sera pris un remplaçant à son compte.

Art. 100. Chaque fournée de pain qu'une brigade de six hommes fera en plus des douze fournées obligées, sera récompensée par un supplément de paye de 1 fr. 50 cent.

Art. 101. Le maître boulanger fera le choix des garçons boulangers, du panetier et des gens de service placés sous ses ordres, en en prévenant l'agent de surveillance.

CHAPITRE IX.

Du Nombre ordinaire des personnes employées au service de la Maison de Scipion.

Art. 102. Le nombre d'employés et gens de service nécessaires au service de la boulangerie, est fixé ainsi qu'il suit :

 1 Agent de surveillance,
 1 Maître boulanger,
 1 Commis expéditionnaire,
 1 Garçon de bureau commissionnaire,
 1 Portier et sa femme,
 8 Brigadiers boulangers,
 16 Pétrisseurs,
 2 Fariniers,
 1 Panetier,
 1 Braisier,
 1 Charretier,
 8 Casseurs de bois,

 42 personnes.

Art. 103. Il sera alloué à chacun des individus composant le personnel de la maison de Scipion 1 kilogramme de pain blanc par jour : cette dépense sera prise sur les bonis, elle ne pourra jamais apporter de réduction au produit des fixations déterminées pour la reddition en pain de chaque sac de farine.

Art. 104. Il est expressément défendu de sortir de l'établissement le pain ou partie du pain accordé; il devra être consommé dans la maison; la personne qui n'aura pas eu besoin de cette quantité, rapportera le reste à la paneterie.

Art. 105. Les échantillons que l'agent de surveillance enverra à l'Administration, en exécution de l'article 47, seront aussi prélevés sur les bonis; en conséquence, ils ne seront point mentionnés dans les calculs qui serviront à établir les résultats de la manutention.

CHAPITRE X.

Des Dortoirs et du Coucher.

Art. 106. Les ouvriers boulangers et les hommes de peine seront libres de demeurer dans l'établissement : il y aura, pour leur service, deux dortoirs.

Art. 107. Chaque ouvrier sera couché seul; en conséquence, les dortoirs seront meublés d'autant de couchettes qu'il y aura de personnes qui devront les occuper : ces couchettes seront garnies d'une paillasse, de deux matelas, d'un traversin, d'une paire de draps, et de deux couvertures en hiver.

Art. 108. L'agent de surveillance veillera à la conservation du mobilier des dortoirs et à leur bonne tenue; il réglera, entre ceux qui les occuperont, le tour de chacun pour les balayer et les nettoyer.

CHAPITRE XI.

De l'Habillement et de sa durée.

Art. 109. Il ne sera distribué en linge que des draps pour les lits des dortoirs; il n'y sera fourni, ni linge de corps, ni serviettes, ni tabliers, ni essuie-mains, ni torchons; les garçons boulangers se procureront eux-mêmes les pièces de linge dont ils croiront avoir besoin.

Art. 110. L'habillement des boulangers se composera d'une cotte qui sera renouvelée tous les six mois. Le treillis nécessaire pour cette fourniture sera livré par l'atelier de filature de l'Administration.

Art. 111. Il sera accordé au charretier et aux ouvriers qui en feront temporairement le service, une blouse en toile, et une paire de gros souliers ferrés, par an.

Art. 112. Le portier et le garçon de bureau commissionnaire seront habillés ainsi qu'il est dit au règlement général des Hospices, page 24, Chapitre X.

***

CHAPITRE XII.

Du Blanchissage des draps.

Art. 113. Tous les premiers de chaque mois, les draps sales seront échangés contre des blancs : la buanderie de l'Hospice de la Salpêtrière est chargée de leur blanchissage, elle sera remboursée de cette dépense par 50 kilogrammes de potasse que la maison de Scipion lui donnera chaque année. Le linge sera porté et rapporté par une des voitures de la boulangerie.

Art. 114. Il y aura, pour le service des dortoirs, trois paires de draps pour chaque lit; ils seront tenus à part dans une petite pièce, uniquement affectée à cet usage, appelée lingerie.

Art. 115. Les draps qui auront besoin d'être raccommodés seront laissés à l'ouvroir de la lingerie de l'Hospice de la Salpêtrière, dont la surveillante sera chargée de les renvoyer aussitôt qu'elle les aura fait remettre en bon état. La Salpêtrière sera indemnisée de ce travail par les draps hors de service qui lui seront abandonnés.

Art. 116. La lingerie fera partie des attributions de l'agent de surveillance; il veillera à l'exécution des mesures prescrites au présent chapitre.

CHAPITRE XIII.

Du Chauffage.

Art. 117. Le bois de chauffage et des fours sera toujours reçu au pigeage, et mesuré par les préposés du poids public; il ne pourra être reçu à la membrure que sur un ordre exprès de l'Administration.

Art. 118. L'approvisionnement du bois pour les fours et pour le service des employés sera demandé dans les premiers mois de l'année, afin que celui des fours soit bien sec au moment où il sera mis au service.

Art. 119. L'agent de surveillance et le maître boulanger feront une grande attention aux clauses et conditions du marché qui sera passé par l'Administration avec l'entrepreneur de cette importante fourniture, afin qu'il remplisse très-exactement toutes les obligations qui lui seront imposées.

Art. 120. Si le chauffage des fours est fait avec discernement, la consommation sera de 2,200 à 2,400 stères par an; celle des bureaux est fixée à cinquante stères de bois neuf;

Savoir :

A l'agent.	12 stères.
Au maître boulanger.	12
Pour les bureaux	12
Au commis.	4
Au commissionnaire garçon de bureau.	2
Au portier.	8
Total	50

Art. 121. Le bois devra être généralement revêtu de son écorce, être sec et dur, et avoir la longueur déterminée par les réglemens de l'Administration publique, c'est à-dire, 114 centimètres (ou 42 pouces); il ne devra pas être reçu s'il est trop vieux.

Art. 122. Il sera statué, par des décisions particulières, sur les quantités de bois à délivrer aux employés qui ne sont pas compris dans le tableau qui précède, lorsque la nécessité en aura été reconnue.

CHAPITRE XIV.

De l'Éclairage.

ART. 123. L'éclairage de la maison de Scipion consistera seulement en réverbères et six lampes à main, dont le nombre de becs est fixé à vingt-deux.

ART. 124. Toutes les dispositions établies au règlement général des Hospices, page 47, Chapitre XVII, sur l'éclairage, seront applicables à celui de la maison de Scipion ; en conséquence, l'agent de surveillance sera responsable de leur exécution.

CHAPITRE XV.

De l'Écurie et des soins à donner aux chevaux.

ART. 125. Il y aura, dans la maison de Scipion, trois chevaux pour le service de la pompe et le transport du pain, dans les établissemens dont il sera parlé au chapitre suivant.

ART. 126. Les chevaux seront confiés à la garde d'un charretier sous la surveillance de l'agent et du maître boulanger ; un des hommes de peine aidera le charretier dans les soins à donner aux chevaux, si le travail de ce dernier ne lui laisse pas assez de temps pour les bien panser.

ART. 127. Il sera donné par jour, à chaque cheval, deux bottes de paille, une botte de foin et 15 litres d'avoine.

Le Chapitre XIV du règlement général des Hospices contient diverses instructions sur les soins à donner aux chevaux, qui s'appliqueront à ceux de la Boulangerie.

CHAPITRE XVI.

Du Transport du Pain.

Aʀᴛ. 128. Les établissemens qui ont des équipages montés seront chargés du transport de leur pain ; celui des maisons où il n'y en a pas sera fait par la voiture d'une maison voisine, ou par celles qui seront entretenues à Scipion.

Établissemens dont le transport du pain sera fait par leurs voitures.

Salpétrière.	Bicêtre.
Incurables-hommes.	Charité.
Incurables-femmes.	Saint-Louis.
Orphelins.	Saint-Antoine.

Établissemens dont le transport du pain sera fait par les voitures des maisons voisines.

Maison Royale de Santé, par la voiture de l'hôpital Saint-Louis.
Ménages . . . . par celle des incurables-femmes.

Établissemens dont le transport du pain sera fait par les voitures de Scipion.

Enfans-Trouvés.	Montrouge.
Sainte-Périne.	Pitié.
Vénériens.	Beaujon.
Necker.	Clinique.
Enfans malades.	Vaccine.
Accouchemens.	Cochin.
Hôtel-Dieu.	

Aʀᴛ. 129. Le maître boulanger s'entendra avec les économes des maisons qui enverront prendre leur pain, pour l'heure d'arrivée et du chargement des voitures ; il réglera ce service de manière à n'apporter aucun changement aux heures où chaque établissement est dans l'habitude de recevoir son pain.

CHAPITRE XVII.

Constructions et Réparations:

Art. 13o. Aucune construction ni réparation de bâtimens ne pourra être commencée qu'après qu'elle aura été autorisée par le conseil gé-néral, et que cette autorisation aura été transmise à l'agent de surveil-lance par le membre de la Commission.

Art. 131. Si cet agent en faisait exécuter sans y être autorisé, il en resterait responsable envers les entrepreneurs et ouvriers, qui exer-ceraient leurs recours contre lui pour raison de leurs avances ou de leur salaire.

Art. 13a. L'agent et le maître boulanger surveilleront journelle-ment, chacun en ce qui le concerne, les constructions et réparations.

Art. 133. Les menues réparations en vitrerie et serrurerie seront autorisées par les membres de l'Administration, et ne devront avoir lieu que sur des bons particuliers, par emploi ou division, délivrés aux entrepreneurs par l'agent de surveillance.

Ces bons seront rapportés à l'appui des mémoires, et l'on rejettera de ceux-ci tout ce qui n'est pas porté sur les bons particuliers.

Avant de les mettre en place, on devra faire peser le plomb et les fers, dont le payement doit être fait en raison de leur poids.

Lorsque l'agent sera autorisé à délivrer en à-compte aux entrepre-neurs, de vieux fers, fontes, ferrailles ou plomb, il en mentionnera le poids entier en toutes lettres dans le certificat qui constatera l'exécution des travaux; il n'aura point égard aux réductions des 4 pour o/o, ou telle autre réclamée par l'entrepreneur : cet objet étant de la compé-tence du vérificateur, il l'allouera s'il la juge légitime.

CHAPITRE XVIII.

De la Salubrité et de la Propreté.

ART. 134. La boulangerie, la paneterie, le dessus des fours et le dessous, les cours, et généralement tous les locaux qui composent la maison de Scipion, seront lavés ou balayés, par jour, autant de fois qu'il sera nécessaire pour les maintenir dans un grand état de propreté.

ART. 135. L'agent de surveillance et le maître boulanger veilleront avec le plus grand soin à ce que les ustensiles de cuivre soient toujours parfaitement étamés, et à ce que les autres soient tenus dans un grand état de propreté. Le maître boulanger disposera les paniers de manière à ce que leur doublure soit parfaitement sèche, toutes les fois qu'ils seront mis en service, afin de laisser au pain la belle couleur qu'il doit avoir quand il n'est pas atteint d'humidité.

ART. 136. Un ouvrier choisi par l'agent de surveillance sera chargé de la police des dortoirs, sous le rapport de la propreté, qui doit être parfaite à raison du danger que peut courrir la santé des hommes qui travaillent et transpirent beaucoup, et qui sont réunis en grand nombre dans le même lieu. Cet ouvrier recevra une gratification, s'il remplit ses devoirs à la satisfaction de ses supérieurs.

CHAPITRE XIX.

De la Police et de la Sûreté.

ART. 137. En cas de querelle entre les ouvriers, le maître boulanger les jugera en premier ressort ; s'ils se permettent de continuer leurs débats, l'agent de surveillance interposera son autorité, et punira celui qu'il jugera avoir tort ; mais, pour qu'un ouvrier puisse être chassé de l'établissement, il faut l'ordre du membre du conseil ou celui du membre de la commission.

ART. 138. Une infraction récidivée au présent règlement sera punie

par une amende ou par une corvée dans la maison ; si celui qui a mé-
rité la punition se refuse à la subir, il en sera fait rapport au membre
du conseil ou à celui de la commission, qui prononcera le renvoi.

ART. 139. Aucune des personnes attachées au service de l'établissement ne pourra se dispenser de rendre compte aux membres de l'Administration des abus de pouvoir, actes arbitraires ou malversations
dont elle aurait à se plaindre ou dont elle aurait connaissance.

ART. 140. Il est défendu de parcourir les dortoirs, corridors ou pas-
sages, pendant la nuit, avec du feu et de la lumière ; dans aucun
temps il n'est permis de fumer que dans les cours, loin des bâtimens.

ART. 141. Les cheminées des fours seront ramonées une fois par
mois ; les poéles et les tuyaux seront nettoyés une fois l'an.

ART. 142. On ne devra point entrer dans les magasins et dans les
greniers avec de la lumière.

ART. 143. La pompe à incendie et ses accessoires devront toujours
être en bon état et prêts à faire le service. Leur examen et leur essai
seront faits tous les trois mois par les ouvriers de la maison, sous la
conduite de l'agent de surveillance.

ART. 144. Nul étranger à la boulangerie ne peut passer la nuit ni
coucher dans l'établissement, ni y séjourner après l'heure fixée pour
la clôture des portes.

Les mesures de sûreté qui font partie des devoirs du portier sont
fixées dans le chapitre suivant.

CHAPITRE XX.

Du Service de la Porte.

ART. 145. La porte de la maison de Scipion sera ouverte à quatre
heures du matin pour l'entrée des boulangers, et fermée à dix heures
du soir, moment de leur sortie ; la clef sera portée chez l'agent de surveillance, qui s'assurera lui-même, avant de se coucher, si la grande
porte est bien fermée, et si tout est parfaitement dans l'ordre.

Art. 146. La grille ne s'ouvrira que pour l'entrée des farines et le passage des voitures qui transporteront le pain dans les différens établissemens, et dont les charretiers seront bien connus. Nul ne sera exempt de traverser la loge du portier : les personnes en voiture descendront à la porte pour se conformer à cet ordre.

Art. 147. Le portier ne devra rien laisser sortir sans un permis de l'agent et du maître boulanger, annonçant le nombre et l'espèce des objets pour lesquels il aura été délivré.

Ceux de ces permis qui auront pour objet des fournitures ou des effets appartenant à l'établissement, seront enliassés par ordre de dates, et adressés tous les mois au membre de la Commission.

Art. 148. Le portier pourra fouiller les personnes qui sortiront, lorsqu'elles lui auront donné des motifs de soupçon; il mettra, dans l'exécution de cette mesure, toute la douceur et la décence qui conviennent.

Art. 149. Il fixera particulièrement son attention sur tous les moyens dont on peut se servir pour sortir du pain; s'il trouve un individu en contravention, il le fera conduire sur-le-champ chez l'agent; dans ce cas, celui-ci pourra chasser à l'instant même, de la Boulangerie, le délinquant, pour n'y rentrer jamais.

Art. 150. Aucun étranger ne pourra être introduit dans l'établissement que de l'ordre exprès de l'agent; lorsqu'il s'en présentera qui témoigne le désir de le voir, le portier le fera conduire vers l'agent de surveillance, qui désignera une personne de la maison pour l'accompagner dans sa visite.

Il est défendu d'exiger aucune rétribution pour ce service.

Art. 151. Le portier qui aura négligé, une seule fois, de se conformer aux dispositions du présent chapitre, sera renvoyé sans délai, et l'agent de surveillance en rendra compte au membre de la Commission.

La négligence ou la faiblesse que l'agent de surveillance apporterait à l'exécution de cette mesure, serait considérée comme une faute essentielle par l'Administration.

CHAPITRE SUPPLÉMENTAIRE.

Dispositions particulières au service des Administrations étrangères à celle des Hospices.

ART. 152. Lorsque le Conseil général aura donné l'autorisation de fabriquer, à la Boulangerie des Hospices, le pain d'une Administration ou d'un établissement public, les farines qui auront été livrées pour leur compte seront tenues dans des greniers séparés et distincts de ceux qui renfermeront celles des Hospices et Hôpitaux.

ART. 153. Des fours particuliers, auxquels seront attachées des brigades spéciales de boulangers, seront affectés à ces sortes de services.

ART. 154. La comptabilité pour la réception des farines et leur emploi, et pour la délivrance ou le transport du pain, sera distincte de celle de l'Administration des Hospices. Il pourra être affecté à cette comptabilité un commis dont les appointemens seront alors à la charge de l'Administration ou de l'établissement public qu'elle concernera.

ARR. 155. Un agent particulier de l'Administration ou établissement public, dont le pain sera manutentionné à Scipion, pourra s'y présenter, toutes les fois qu'il le jugera convenable, pour assister à l'examen et à la réception des farines, et prendre connaissance de tout ce qui concerne leur conservation, la manutention et la distribution du pain et la comptabilité spéciale de la partie de service qu'il sera chargé d'inspecter.

ART. 156. Il sera envoyé aux chefs ou directeurs des Administrations ou établissemens publics, et aux époques qu'ils auront désignées, des échantillons du pain confectionné, des états de situation des recettes et dépenses en farine et des distributions du pain, ainsi que des aperçus des dépenses en deniers résultantes de cette manutention.

ART. 157. Les conditions auxquelles seront faits les services étrangers à l'Administration des Hospices, ainsi que le mode de répétition des frais auxquels ils auront donné lieu, seront déterminés par des arrêtés du conseil général, de concert avec les parties intéressées.

Art. 158. Toutes les dispositions de prévoyance et d'ordre, relatives à la conservation des farines, à la fabrication et à la distribution du pain, ainsi qu'à la tenue des écritures, prescrites pour le service des Hospices, seront communes à celui des établissemens publics qui sera fait à la Boulangerie générale.

RAPPORT
FAIT AU CONSEIL GÉNÉRAL
DES HOSPICES CIVILS DE PARIS,

Dans sa Séance du 6 Janvier 1819,

Par le Membre du Conseil chargé spécialement de la
Boulangerie générale des Hospices,

SUR

*L'administration paternelle de cet Établissement,
pendant l'année 1818.*

MESSIEURS,

L'essai que vous avez ordonné pour l'année qui vient de se ter-
miner, de la substitution du régime paternel au régime d'entrepreneur pour la fabrication et la fourniture du pain dans les Hôpitaux
et Hospices de Paris, a rempli, par ses succès, l'espérance que vous
en aviez conçue.

Je vous ai entretenus au commencement de chaque mois des bénéfices faits dans le mois précédent; je viens aujourd'hui vous rendre
compte du résultat incontestable de l'administration de l'année entière 1818.

Ce n'est pas l'emploi de la quantité générale des farines entrées
dans la maison de Scipion (1) pendant l'année 1818, que je viens
mettre ici sous vos yeux; je vous en entretiendrai sommairement à la
fin de ce rapport, dont le seul objet est de vous rendre compte de

____

(1) La maison de Scipion est le bâtiment dans lequel la Boulangerie est établie.

l'administration de votre boulangerie, c'est-à-dire de l'emploi des farines converties en pain.

Vous voudrez bien vous rappeler, Messsieurs,

1°. Que sous le régime de l'entreprise, le fournisseur devait vous livrer 205 kilogrammes 50 décagrammes de pain par sac de farine première qualité, et 209 kilogrammes 50 décagrammes par sac de deuxième et troisième qui devait être employée à la fabrication du pain moyen.

2°. Que le fournisseur recevait, pour frais de conversion de chaque sac de farine en pain, une somme de 5 francs 50 centimes, et qu'il lui était accordé, pour transport du pain dans vos différentes maisons, 20 cent. 4 mil. par 50 kil. de poids.

3°. Que le boni qui, d'après le marché fait avec l'entrepreneur, devait entrer dans les magasins de l'Administration et devenir sa propriété, ne s'est jamais élevé, hors l'année dernière, à plus de 10 à 12 sacs de farine, souvent à trois ou quatre par chaque année.

Les fours de la boulangerie ont cuit en 1818 :

Pour l'Administration, c'est-à-dire pour les Hôpitaux, Hospices et Maisons de santé administrés directement par le Conseil général, pain blanc, . . . 1,468,150 56.

		k.	d.
Pour *idem* . . . . . . Pain moyen.	1,928,851	92	
Pour les Bureaux de charité des 11e. et 12e. arrondissemens, lesquels ont demandé que la Boulangerie générale leur fournît le pain destiné aux indigens secourus à domicile dans ces arrondissemens, et que les deux Bureaux achetaient précédemment chez des boulangers de la ville . . . . Pain moyen.	48,025	88	1,976,877 80

TOTAL du pain fabriqué. 3,445,028 36

D'après le régime de l'entreprise, cette fabrication aurait consommé,
Savoir :   sacs   k.

En farine de 1re. qualité, pour l'Administration. 8,463   6o

En farines inférieures, pour *idem*. 7,913   o3 ⎱ 8,142   o3
En . . . . . . *idem*. . . . . pour les 2 arrondiss. 229   » ⎰ ?

Total des farines que l'Entrepreneur aurait
consommées. 16,6o5   63
Sous l'Administration paternelle les 3,445,628 kil. 36 d.
de pain n'ont consommé que. 16,o69   14

                                                                    sacs   k.
Bénéfice. 536   49

Desquels il faut déduire pour le sel 43   124

                                                                    sacs   k.
Bonis réels. 492   84

Les 16,6o5 sacs 63 kil., toujours sous le régime de l'entreprise,
auraient coûté en frais de fabrication, à raison de 5 fr. 5o centimes
par sac, la somme de , ... 91,329 f. 5o c.
Et pour les frais de transport dans les établisse-
mens, celle de. . . . . 14,o55 71 c.

Total . . . . 1o5,385 f. 21 c.

Les frais de fabrication sous l'administration paternelle ne se sont
élevés qu'à la somme de 68,378 fr. o8 c., ce qui fait 4 fr. 25 c. par sac
converti en pain, au lieu de 5 francs 5o centimes qui étaient payés à
l'entrepreneur.

Les arrangemens pris avec diverses maisons pour qu'elles envoient
elles-mêmes chercher leur pain, et les soins pris pour la conduite
des fournitures du pain dont Scipion est resté chargé, ont réduit cette
dépense à 5,215 f. 98 c. ou 7 c. 5 mil. par 5o kil. au lieu de 2o c. 4 mil.

Economie de fabrication . . . . 22,951 f. 42 c.
Id. sur les frais de transport. 8,839   73

Total des économies sur les deux articles. 31,791 f. 15 c.

Les économies en farines sur les quantités de sacs alloués à l'entrepreneur pour les quantités de pain fabriqué dans l'année, s'élèvent à
492 sacs 84 kil., qui, évalués à 66 fr. 74 cent., prix moyen, et donné
comme tel par l'ordonnateur général, des diverses qualités de farines
livrées en 1818, présentent une somme de . . . . . . 32,871 f. 33 c.

Total du produit des économies faites dans l'année par l'administration paternelle de la boulangerie, comparée avec le régime de l'entreprise :

Sur les farines, 492 sacs à 66 fr. 74 cent. . . . . . 32,871 f. 33 c.
Sur les frais de manutention et transport. 31,791   15 c.

          Total . . . . 64,662 f. 48 c.

Je ne compte pas en bonis les 87 sacs représentant le pain consommé,
soit en échantillons, soit pour la nourriture des ouvriers de la Boulangerie, et qui ainsi ne figurent pas dans les livraisons faites aux Hôpitaux, quoique les 18,000 kil. de pain qui en sont résultés, aient été
fabriqués sur les 16,069 sacs 14 kil. de farine employés à la maison ; je
ne les comprends pas, dis-je, en bonis, parce que l'entrepreneur
fournissait à cette même consommation sur les sacs qui lui étaient
livrés, et sans nuire aux quantités de pain qu'il devait fournir aux
Hôpitaux.

Mais si je ne dois pas compter en bonis les 87 sacs ayant fourni
18,000 kil. de pain pour échantillon et consommation des ouvriers,
j'ai dû les compter pour connaître le véritable produit de chaque sac
de farine, puisque cette quantité de pain est sortie de 16,069 sacs 12 kil.
employés à la Boulangerie.

Il résulte donc de l'exposé ci-dessus que le sac de farine, première
qualité, dont l'entrepreneur ne devait, par son marché, rendre que
420 livres, en a donné 434 livres 10 onces par le régime paternel, et
que le sac de farines inférieures a donné, par le même régime, 433 liv.
10 onces au lieu de 428 que le dernier entrepreneur était tenu de
fournir, non compris encore une fois les 18,000 kil. de pain d'échantillon, et consommé par les ouvriers.

Si je me permettais de sortir des limites d'un rapport fait au Conseil
des hospices, je dirais que la connaissance de cette vérité précieuse

pour l'Administration, n'est pas moins importante pour le Gouvernement lui-même, et peut lui fournir de grandes lumières à l'avantage de son immense administration.

Vous avez tous pu reconnaître, Messieurs, que la qualité du pain n'a laissé rien à désirer; qu'il a été mieux fait, mieux cuit qu'il ne l'avait été sous le régime précédent, et que les poids ont toujours été plus que rigoureusement observés.

Aux économies de 64,662 fr. 48 c. qu'a produites l'Administration paternelle sur la moindre quantité de farine employée pour la fabrication d'une même quantité de pain, sur les frais de manutention et sur ceux de transport, je puis ajouter, comme profit dû à l'Administration paternelle, la somme de 3,336 fr. provenant de 15 c. donnés par la réserve et 20 c. par les fournisseurs, pour transporter chacun des sacs de farine, de la voiture qui les amène, au magasin où ils sont déposés.

L'entrepreneur vous aurait dû compte des sommes qui en provenaient, puisque ce court transport a été fait par les ouvriers de la maison, qu'il nourrissait indûment avec le pain de l'Administration. Il paraît que cette espèce de droit auquel se soumettent, sans réclamation, tous les fournisseurs de farine, était ignorée du précédent Agent de surveillance de Scipion, et du membre de la Commission qui, précédemment aussi, avait la surveillance de cette maison. Cette somme de 3,336 fr. est dans la caisse particulière de Scipion, et à la disposition de l'Administration générale; je la porte donc ici en accroissement des bénéfices du régime paternel, que je vous ai déjà présentés, comme s'élevant à la somme de. . . . . 64,662 f. 48 c.

et qui, en ajoutant celle de 3,336   »

vous donne un total de bénéfice de. . . . . 67,998 f. 48 c.

Les bénéfices assez importans que vient de faire cette année l'Administration paternelle de la boulangerie, ont cela encore d'avantageux, qu'ils vous assurent des bénéfices à-peu-près semblables pour toutes les années à venir; je dis à-peu-près semblables, parce qu'il est certain que les blés ne rendent pas toutes les années la même quantité do farine, et que les farines ne sont pas toutes les années susceptibles de recevoir la même quantité d'eau ; mais ces différences ne peuvent jamais être bien considérables, et j'aurai l'honneur de vous rappeler à ce sujet que quand, en 1817, votre entrepreneur vous demandait une forte indemnité, parce que, disait-il, les farines provenant de blé mouillé rendaient seulement 406 livres de pain par sac au lieu de 420, taux de son marché ; des contre-épreuves ordonnées par vous, et faites trois fois aux Incurables-Femmes, par la conversion en pain de la même farine, mais travaillée par des ouvriers qui n'étaient pas ceux de l'entrepreneur, et en présence de celui-ci, ont donné 431 livres 5 onces de pain par sac, épreuves dont cet entrepreneur a signé lui-même le procès-verbal, et par lesquelles il a renoncé à obtenir l'indemnité qu'il réclamait. Il y a même plus, ces mêmes farines mouillées, dont la conversion en pain a été surveillée par la Boulangerie générale pendant les six derniers mois de 1817, avec un redoublement d'attention que les dernières épreuves rendaient nécessaire, ont laissé, à la fin de 1817, un boni de 146 sacs 94 kil., boni inouï jusqu'alors.

D'ailleurs, le Conseil, continuant à l'avenir de se faire rendre compte tous les mois du résultat de l'administration de la Boulangerie pendant le mois précédent, toujours prenant pour base le marché fait avec le dernier entrepreneur, et comparé avec les résultats de l'Administration paternelle du mois correspondant de l'année précédente, aura toujours le moyen d'en apercevoir les différences ; de se faire rendre compte de leurs causes, et enfin, s'il y avait lieu, d'ordonner des épreuves qui seraient faites en présence de ses commissaires, comme celles qui ont eu lieu en 1817.

Quant aux frais de manutention, ils ne peuvent éprouver de variations que par l'augmentation du prix du bois. La surveillance est telle, dans ce moment, que nous avons plutôt lieu d'espérer, pour les années suivantes, une diminution, que nous n'avons à craindre une augmentation dans les frais de manutention ; il ne s'agit que d'encourager et d'entretenir cette surveillance.

RAPPORT

FAIT AU CONSEIL GÉNÉRAL

DES HOSPICES CIVILS DE PARIS,

Sur les résultats de l'Administration paternelle de la Boulangerie, pendant l'année 1819, par le membre du Conseil chargé de cette surveillance, etc.

Messieurs,

Vous avez, l'an dernier, écouté avec intérêt le compte de l'Administration de la Boulangerie générale des Hospices, ramenée pour l'exercice de 1818 au régime paternel, et vous avez entendu avec satisfaction que ce nouveau mode d'administration, comparé avec le régime de l'entreprise, auquel il succédait, avait produit, pour cette première année, une économie de 35,125 fr. 04 c. sur les frais de manutention et de transport, et un boni de 542 sacs 84 kil. de farine de l'une et de l'autre qualité; et vous voudrez bien vous rappeler qu'en vous rendant compte de ces bénéfices, nous vous annoncions qu'ils étaient d'autant plus satisfaisans, qu'étant le résultat d'une fabrication soignée et d'une administration vigilante, dont on ne pouvait s'écarter sans une coupable négligence, et qui était elle-même soumise à une exacte surveillance, ces succès seraient, sauf la qualité des récoltes, à-peu-près semblables pour toutes les années suivantes.

Je dis 35,125 francs 04 centimes de boni sur les frais de manutention, au lieu de 31,513 fr. 15 cent. que portait le rapport que j'ai fait le 6 janvier 1819, parce que les comptes apurés par la Comptabilité des Hôpitaux ont reconnu cette somme de 35,125 fr. 04 cent. pour le profit réel sur la manutention et le transport, et que dans ce premier compte, comme dans tous ceux que je rendrai successivement, et que j'ai à cœur de vous présenter dès le commencement de l'année, j'ai eu et j'aurai toujours soin de me tenir plutôt en dessous qu'en dessus des bonis résultans de l'Administration paternelle, laissant au compte général de M. l'ordonnateur à rectifier cette inexactitude en moins.

Les résultats de l'administration de la Boulangerie pour 1819 n'ont point trompé notre attente : 1,417,733 kil. de pain blanc confectionné dans vos fours pendant l'année 1819, ont employé 6,725 sacs 23 kil. de farine première; 2,011,564 kil. de pain moyen, confectionnés dans le même temps, ont employé, en farine seconde, 9,135 sacs 116 kil.

Par le régime de l'entreprise, ces 1,417,733 kil. de pain blanc auraient employé 6,899 sacs 22 kil. de farine. Les 2,011,564 kil. de pain moyen en auraient employé 9,601 sacs 116 kil.

Différence en boni pour l'Administration :

Farine, 1re. qualité.	173 sacs	158 kil.
— 2e. qualité.	365	149
	539 sacs	148 kil.

Nous avons encore à compter comme boni 50 sacs de bon poids dans les farines de seconde qualité. 50

TOTAL. . . . 589 sacs 148 kil.

Manutention.

Les 16,500 sacs 138 kil. de farine qu'aurait employés l'entreprise, selon son marché, auraient, à 5 fr. 50 cent. le sac, coûté 90,754 francs 77 centimes.

Les 15,960 sacs 149 kil. seulement, employés par le régime paternel pour produire la même quantité de pain, n'ont coûté que 66,725 francs 49 centimes.

Économie réelle de 24,029 fr. 28 cent.
Économie par sac de . . . 1 fr. 32 cent.

Le charriage des 3,429,298 kil. de pain, à 40 cent. 8 m. par 100 kil., aurait coûté, par le régime de l'entreprise. . . . . . . 13,991 fr. 54 cent.
Il n'a coûté, sous le régime paternel, que. 4,752   35

Économie sur le transport. . . . . 9,239 fr. 19 cent.

Économie réelle totale de la dépense comparée à celle de l'entreprise, 33,268 fr. 47 cent.

Le prix moyen du sac de farine, en 1819, pris sur les deux qualités, n'a été que de . . . . 50 fr. 69 cent.
Il avait été, en 1818, de, ... 66   74

Différence. . . . . 16 fr. 05 cent.

Vous observerez facilement, Messieurs, que cette différence du prix moyen des farines, en apportant une diminution dans vos dépenses d'approvisionnemens, en apporte une proportionnelle dans l'estimation en argent des 589 sacs 148 kil., économisés dans la fabrication du pain. Le boni de 542 sacs, en 1818, s'était élevé en argent, à raison de 66 fr. 74 cent. le sac, à . . . . 36,173 fr. 08 cent.
Celui de 589 sacs 148 kil., obtenu en 1819, ne s'élève qu'à 29,856   41

Différence. . . . . 6,316 fr. 67 cent.

Mais le succès de l'administration paternelle n'en existe pas moins le même, avec une addition de boni pour 1819, comparé à 1818, de 47 sacs 148 kil. de farines.

Si vous voulez bien vous reporter au compte que nous vous avons rendu l'année dernière, vous vous rappellerez que le pain mangé par les ouvriers boulangers et autres, et ceux envoyés toutes les semaines comme échantillons, avaient consommé, pendant le cours de l'année, 87 sacs de farine que nous n'avons pas cru devoir compter au rang des bonis obtenus par la manutention, mais seulement comme tenant place dans le calcul de la reddition des sacs de farine employés. Nous suivons la même marche pour les 105 sacs consommés pour les mêmes objets; augmentation de cette espèce de consommation due à l'augmentation dans le nombre des ouvriers pour le service des prisons.

Nous devons compter comme bonis dus au régime paternel, ainsi que nous l'avons fait l'année dernière, les 20 cent. par sac payés par les fournisseurs pour le transport au grenier des sacs qu'ils ont livrés pendant l'année, et qui, s'élevant à 22,972 sacs, forment une somme additionnelle de profits de 4,594 fr. 56 cent., et portent réellement les bonis sur les frais de manutention et autres à 33,268 fr. 47 cent.

Nous vous devons, à l'égard de ces 20 cent. par sac, une observation; et si notre rapport vous semblait un peu long et chargé de détails minutieux, vous recevriez comme excuse le désir que nous avons de vous faire connaître, comme à nous-mêmes, les diverses parties d'une Administration importante, et dont les détails ne peuvent être trop surveillés.

Les fournisseurs doivent, par leur marché, livrer les farines dans nos greniers; ils doivent payer des hommes qui les y transportent depuis la voiture qui les amène dans la cour. Au lieu de faire suivre les voitures par des hommes qu'ils prendraient sur les ports, les fournisseurs s'abonnent avec l'Administration, qui se charge de ces transports, moyennant 20 cent. par sac. C'est d'ailleurs l'usage général du commerce. Ce transport se fait à Scipion par des hommes de peine payés à la journée pour les travaux ordinaires des cours, dont ils sont distraits pour ces ouvrages momentanés, et il n'en coûte ainsi réellement rien à la Boulangerie que la suspension momentanée des travaux ordinaires de ces hommes de peine, facilement réparée. Sans ce moyen, l'abonnement à 20 cent. par sac pour le transport au grenier n'excéderait pas le salaire nécessaire. Ces 20 c. sont portés en recette dans les comptes, et entrent, ainsi que toutes les autres recettes, dans les calculs des prix de manutention du sac.

Ainsi, en récapitulant les économies de toute espèce obtenues à la Boulangerie, pendant l'exercice 1819, et les comparant à ceux obtenus en 1818, nous trouverons :

	1819.	1818.
Farines en nature....	589 sacs 148 k.	542 sacs 84 k.
Frais de manutention..	24,029 fr. 28 c.	26,285 fr. 42 c.
de transport...	9,249 19	8,839 62
Total en argent....	33,268 47	35,125 04

sauf la rectification en plus que pourra présenter le compte général (1).

Nous vous demandons encore permission de mettre sous vos yeux le tableau comparatif des bonis obtenus, mois par mois, en 1818 et 1819. Cette comparaison des bonis dans les parties correspondantes des deux années consécutives est donnée, tous les six jours, au membre du Conseil et au membre de la Commission, chargés de la surveillance de la Boulangerie, de sorte qu'ils sont sans cesse avertis des différences avec les résultats antécédens, et qu'ils peuvent de suite en rechercher les causes.

(1) L'augmentation des frais de manutention, cette année, a pour motif le prix plus élevé du bois, l'acquisition d'une chaudière et de trente couvertures de laine.

MOIS.	EXERCICES			
	1818.		1819.	
	sacs.	k.	sacs.	k.
Janvier	7	95	45	[illegible]
Février	15	»	49	4
Mars	39	76	42	15
Avril	30	22	34	79
Mai	30	136	38	120
Juin	29	89	39	91
Juillet	43	»	41	55
Août	72	»	56	111
Septembre	82	»	58	99
Octobre	72	»	68	121
Novembre	62	»	72	1
Décembre	62	143	60	78
Indemnité donnée par les Fournisseurs pour farine reconnue inférieure	»	»	29	»
Fonds de magasin	29	134	9	74
Totaux	586	59	636	96
A déduire pour le sel	43	124	46	107
Bonis réels	542	84	589	148

Ainsi, la grande différence en plus des bonis obtenus dans les six premiers mois de l'année actuelle sur ceux obtenus dans les mois correspondans de 1818, s'explique :

1°. Par l'emploi des farines de la réserve pendant le premier mois de 1818 et par leur qualité qui a toujours été jusqu'ici inférieure à la qualité des farines du commerce ;

2°. Par la bonne qualité des grains de la récolte de 1818, dont les farines ont été fournies par le commerce pendant les cinq autres premiers mois de 1819.

La différence comparative en moins pendant les quatre mois suivans ne pouvait pas s'expliquer aussi facilement, et il était reconnu que les farines faites avec les blés de 1818, rendaient plus que celles faites avec les blés de la récolte précédente ; la recherche de ces causes a été l'objet des soins et de l'activité de M. Desportes, qui ne se démentent jamais. Une part de cette différence est due :

1°. Aux travaux de maçonnerie qui ont eu lieu pendant deux mois dans la salle des fours, et qui, rétrécissant pour le moment nos locaux, ne permettaient pas une distribution aussi marquée dans le travail, et s'opposaient à une surveillance aussi utile que de coutume ;

2°. A l'augmentation dans le nombre de boulangers, pour le service des prisons, augmentation qui, décomposant les brigades, en rendait la totalité moins active et moins habile ;

3°. Enfin à une qualité inférieure dans les farines livrées par nos fournisseurs ; infériorité dont il était difficile de convaincre les fournisseurs, parce qu'à l'aspect elles étaient d'une belle nuance, et que les experts appelés n'osaient pas prononcer contre ces livraisons. Cependant elles rendaient évidemment moins, et l'intelligence de M. Desportes en a trouvé une preuve, à l'évidence de laquelle les fournisseurs n'ont pu se refuser. Cette preuve a été trouvée dans l'emploi de cette farine en bouillie, comparé avec un pareil emploi de farine reconnue tout-à-fait de première qualité, laquelle exigeait une beaucoup moindre quantité pour donner à la bouillie la même consistance que celle dont nous nous plaignions, employée au même usage : et cette évidence a valu à la Boulangerie une indemnité de 14 sacs par les trois fournisseurs ; cette indemnité a couvert en partie la Boulangerie des déficits en bonis qu'elle avait éprouvés.

Ces événemens et les plaintes que faisaient les fournisseurs en se rejetant les uns sur les autres les torts des fournitures en farine, qui, jusqu'alors, étaient employées après examen, sans distinction entre elles, ont déterminé à prescrire les mesures suivantes :

Les versemens journaliers sur les pétrins se font de manière à connaître, tous les soirs, le véritable produit en pain ; et il a été prescrit de travailler séparément les farines de chaque fournisseur.

Si le mélange des trois fournitures offrait l'avantage de donner au pain une nuance plus égale pendant tout le mois, il s'opposait à ce que l'on distinguât celle des trois qui rendait le moins. Il a donc paru d'autant plus préférable de s'attacher à la comparaison des farines entre elles, seul moyen de les bien juger quant à leurs produits, que la différence de nuance dans le pain sera presque imperceptible, en examinant soigneusement les livraisons.

Aujourd'hui chaque fourniture est employée séparément, en passant alternativement de l'une à l'autre, dans la proportion des quantités dont elles se composent, de sorte que chaque mois elles aient été également consommées, sous le rapport de leur ancienneté dans les magasins de Scipion.

Les farines nécessaires à la consommation d'un jour, sont prises d'un tas formé à l'avance sur le plancher des fours. Le nombre des sacs répandus dans les pétrins est constaté, et le soir on voit, par le poids des levains conservés et celui du pain entré en la paneterie, le véritable produit de chaque sac de farine.

Cette mesure, qui effrayait au premier moment les employés de la Boulangerie, est considérée, à présent que l'habitude en est prise, comme simple et facile, et s'exécute exactement.

Depuis cette dernière disposition, les résultats se sont maintenus à leur valeur présumée ; s'il n'en était pas ainsi, on ne saurait immédiatement auquel des trois fournisseurs le reproche devrait être adressé ; et on aurait d'autant plus le juste droit de réclamer du fournisseur le déchet que présenterait sa fourniture, qu'elle n'est admise qu'après l'épreuve d'un jour ou de plusieurs, suivant son désir, afin de lui ôter tout juste-sujet de plainte.

Nous avons, par ces mesures nouvelles, un moyen plus continuel de surveillance, et celui plus précieux peut-être encore de ne faire tomber nos reproches que sur celui des fournisseurs qui pourrait les mériter. Vous les regarderez avec moi, sans doute, Messieurs, comme une amélioration dans l'administration de la Boulangerie. L'expérience nous en fera probablement trouver quelques autres encore à établir; nous les rechercherons. Notre zèle vous assure que nous ne négligerons rien pour mériter la confiance que vous nous accordez pour la direction et la surveillance d'une des branches les plus importantes de votre vaste Administration, dans laquelle aucune épargne ne peut être faite, qui ne soit immédiatement versée sur la classe indigente que nous avons l'honorable devoir de secourir.

Je devrais aussi, Messieurs, vous rendre compte du service que vous avez autorisé la Boulangerie des Hospices à faire pour les prisons de Paris. Vous avez voulu qu'il fût pour votre Administration sans profits. désirant seulement qu'il ne vous fût pas à charge; c'est sur cette base qu'est établi le compte de cette partie de l'administration de la Boulangerie, que j'ai rendu hier au Conseil spécial des prisons de Paris. J'en remets ici des expéditions qui vous donneront le moyen de reconnaître si nous nous sommes exactement conformés à vos vues. Je prends la liberté d'appeler votre examen sur ce compte particulier.

Vous verrez que, sans avoir fait d'autres sacrifices que la peine de vos agens, vous avez opéré, en six mois, pour l'administration des prisons, un bénéfice de 4,468 fr. 74 cent., en comparant les frais réels faits à la Boulangerie de Scipion pour manutention et transport du pain, avec ceux qu'aurait occasionnés la soumission la plus basse des fournisseurs qui se présentaient.

Vous voyez donc, Messieurs, qu'en réduisant en compte d'argent les 589 sacs que votre administration paternelle a économisés pendant l'exercice 1819, et quoique le prix moyen du sac de farine ait éprouvé une diminution de près de 16 fr. sur celui de l'année dernière, et toujours prenant pour base les conditions de l'entrepreneur, vous avez un profit de.................................... 29,856 fr. 41 cent.
Sur les frais de manutention et de transport . . 33,268   47

TOTAL . . . . 63,124 fr. 88

Et le scepticisme le plus ombrageux ne peut élever le moindre doute sur cet heureux résultat, dont la preuve évidente se trouve pour le boni des sacs de farine, dans la situation de vos greniers, et pour les bonïs de manutention et de transport, dans les deniers sortis de votre caisse et dans la comptabilité qui en est l'exposé fidèle.

J'acquitte de nouveau, avec un grand plaisir, le devoir de rapporter au zèle, à l'activité, à l'intelligence de M. Desportes, la principale part de ces succès.

TABLE

DES MATIÈRES.

RAPPORT *fait au Conseil général des Hospices, dans sa séance du 4 juin 1817, sur le service de la Boulangerie générale.* Page 3

ARRÊTÉ *du Conseil général des Hospices, séance du 4 juin 1817.* 11

LETTRE *de M. le Préfet du département de la Seine.* 15

RÈGLEMENT DE LA BOULANGERIE GÉNÉRALE.

CHAPITRE Ier. — *Dispositions générales.* 17

CHAP. II. — *Du Personnel.* 21

CHAP. III. — *Des Attributions et des Obligations de l'Agent de Surveillance.* 22

CHAP. IV. — *Des Attributions et Obligations du Maître Boulanger.* 27

CHAP. V. — *De la Comptabilité en deniers.* 29

— Première Section. — *Du Livre de Caisse.* Ibid.

— Deuxième Section. — *Du Journal général.* 31

— Troisième Section. — *De la Subdivision des dépenses générales.* 32

— Quatrième Section. — *Des Recettes éventuelles.* 33

9

CHAP. VI. — *De la Comptabilité en Pain.* Page 33

— Première Section. Ibid.

— Deuxième Section. — *Des Écritures du Maître Boulanger.* 34

CHAP. VII. — *De la Conservation et de la Vente de la Braise.* 35

CHAP. VIII. — *Du Service des Fours.* 36

CHAP. IX. — *Du Nombre ordinaire des personnes employées au service de la Maison de Scipion.* 37

CHAP. X. — *Des Dortoirs et du Coucher.* 38

CHAP. XI. — *De l'Habillement et de sa durée.* Ibid.

CHAP. XII. — *Du Blanchissage des Draps.* 39

CHAP. XIII. — *Du Chauffage.* 40

CHAP. XIV. — *De l'Éclairage.* 41

CHAP. XV. — *De l'Écurie et des soins à donner aux Chevaux.* Ibid.

CHAP. XVI. — *Du Transport du Pain.* 42

— *Établissemens dont le transport du pain sera fait par leurs voitures.* Ibid.

— *Établissemens dont le transport du pain sera fait par les voitures des maisons voisines.* Ibid.

— *Établissemens dont le transport du pain sera fait par les voitures de Scipion.* Ibid.

CHAP. XVII. — *Constructions et Réparations.* 43

CHAP. XVIII. — *De la Salubrité et de la Propreté.* 44

CHAP. XIX. — *De la Police et de la Sûreté.* Ibid.

CHAP. XX. — *Du Service de la Porte.* 45

CHAPITRE SUPPLÉMENTAIRE. — *Dispositions particulières au*

service des *Administrations étrangères à celle des
Hospices.* .... Page 47

RAPPORT *fait au Conseil général des Hospices civils de Paris,
dans sa séance du 6 janvier 1819, par le Membre
du Conseil chargé spécialement de la Boulangerie
générale des Hospices, sur l'administration paternelle
de cet Établissement, pendant l'année 1818.* 49

RAPPORT *fait au Conseil général des Hospices civils de Paris,
sur les résultats de l'administration paternelle de la
Boulangerie, pendant l'année 1819, par le Membre
du Conseil chargé de cette surveillance, etc.* 55